リベラルアーツの
専門家がつくった

1分間本格教養

超効率的な
教養プログラム

A full education
in less
than 1 min.

サラドリラボ

東信和／古谷紳太郎／茂木健太／八頭芳之

ダイヤモンド社

はじめに

本書は「教養」をテーマにした本。ですが、そもそも教養とは何でしょうか？

教養とは、社会人として必要な知識を身につけること、深い専門的な知識を身につけること……と、一般的に解釈されていることが多いと思います。

それも捉え方の一つではあるのですが、しかし、この本ではこう考えます。

「いい教養とは、使える教養である」

使えるとは、たとえば日常会話で使える、仕事の打ち合わせや会食の雑談で使える……というように、純粋に「会話のネタや話のきっかけとして」使えるということもあります。しかしそれは、知識をひけらかして優越感に浸るためではありません。

何より重要なのが、知識を活かすことです。仕事で何かを計画したり、分析したりする時、また人生で大きな選択する時や未来のことを考えたりする時、「ある情報を別のことに活かすことができる」ことが、教養の本質的な価値だと考えています。

知識をつなげ、思考を深くしていく。それが本書でお伝えしたい教養です。

現代社会では、情報や技術は次々とアップデートされていきます。その中で、これはいいものなのか、よくないものなのかと吟味するには、物事を多角的に見る視野の広さと、本質を見抜く力、それを支えるための知識が重要です。

ところが、「たいていのことはネットがあれば調べられる」と言われる現代でも、まったく接点がない、まったく興味のないことを調べるのは難しいことです。むしろ、情報技術が発達するほど、自分のPC・スマホなどのデバイスには自分の好きなもの・自分が今関わっている物事ばかりが情報として入ってくるようになるでしょう。まったく接点のない分野を知ることは重要なのですが、それを自分でゼロから身につけていくのは至難のわざなのです。

そこで、本書があります。つまり、「ちゃちゃっと必要なことだけ教えてよ!」「しかもできるだけ短く!」「かつ、読んでいて楽しい感じで!」……そんなご要望にも応えて、ツボをおさえた本格的な教養を超短時間でテンポよく身につけていける本を製作しました。

古今東西のあらゆるテーマから、108のテーマを厳選。必須の常識問題、ビジネス上で知っておくと有利なこと、学術的に重要なテーマなどの観点から選び、ジャンルは科学、歴史、ビジネス、政治、経済、スポーツ、国際問題、文化など多岐に渡ります。これらのテーマを、クイズ形式で見ていきます。

その解説にかかる時間は、わずか1分間！　1分で概要と関連情報をスッキリまとめ、サクサクと読み進めていただけます。

リベラルアーツ研究の専門家チームで製作していますので、各テーマはバラバラに見えて、実はそれぞれが絶妙に関連し合っています。そのため読むうちに知識が有機的につながり、記憶に定着しやすくなるのも特徴の一つです。知識をつけるためだけではなく、資料を作る機会が多い方、講演などの仕事をされている方にとっては事例集としても役立つかと思います。

テーマ数は豊富ですので、まずは好きなところをめくっていただいても構いません。本書の巻末には振り返り用・かつ腕試し用の「教養問題」を用意しておりますので、腕に覚えのある方はぜひ挑戦してみてください。

読めば読むほど思考が深くなる、「1分間本格教養」の世界をお楽しみください！

1分間本格教養 目次

本書のデータは、2020年2月時点での最新のものを使用しています。
また、登場する人名の敬称はすべて略しております。

テーマ 01 サラリーマンとは

日本における「サラリーマン」の割合は50%以上か、50%未満か

テーマ 01 サラリーマンとは

サラリーマンは約5千911万人で、約「88%」

サラリーマンとは一般的に「企業から給与所得を得ながら働く人」と定義されます。では、サラリーマンは日本に何人いるのでしょうか？

２０２０年1月現在、日本で働く人（就業者数）は6千737万人。国税庁によると、このうち約88％にあたる5千911万人がサラリーマン（公務員も含む）となります。ただし、これはパートや役員も含まれた数で、**正規雇用に限定すると3千514万人で、約52%まで落ちます。**２０１８年末に支払われた給与総額は２２３兆５千４８３億円、平均年収４４１万円と上昇傾向にあるのですが、正規雇用者の平均年収５０４万円に対し、非正規雇用者では１７９万円と大きな差があるのが現状です。

なお、サラリーマンという言葉は大正時代に生まれたもので、当時は工業化が進んだ時代。都市部で働く人がサラリーマンと呼ばれだし、「仕事終わりにビール」の文化もこの頃に生まれました。salary《サラリー》はラテン語の「salarium《サラリウム》（給与）」に由来し、salとは塩のこと。古代ローマでは労働の対価として塩が支給されていた、あるいは「塩を買うためのお金」としてsalariumが払われていたことが給与の始まりと言われています。

追い知識

日本の税収は60兆円（2019年）だったが、そのうちトップ３は「所得税」「消費税」「法人税」で、全体の75％を占める。これらは基幹三税と呼ばれる。なお相続税は全体比率で２％程度。

テーマ 02 大企業の規模

日本にある「大企業」の割合は10%以上か、10%未満か

大企業の割合は、「0・3%」である

「中小企業白書（2017年版）」によると、日本にある会社の数は約382万社。このうち「大企業」に区分されるのは1・1万社。割合にしてわずか0・3%で、残りの380・9万社（約99・7%）が中小企業となります。大企業で正社員として働いている人の割合は1千443万人で約30%、残りの3千361万人（約70%）が中小企業で働いています。

つまり、**0・3%しかない大企業が30%の雇用を支えている**のであり、大企業には社会的責任があると言われるのも納得のいく数字です。

では、日本でもっとも従業員が多い企業はどこでしょうか？

答えはトヨタ自動車で、正社員は約37万人。日立製作所が約31万人と続きます。世界を見ると、アップルが約13万人、グーグルが約10万人、アマゾンは約56万人（いずれも2018年時点）です。

なお、世界でもっとも従業員数が多いとされるのは、スーパーを展開するウォルマートで、その数なんと約230万人。日本に限らず、大企業がいかに大きな雇用を生み出しているかがわかります。

追い知識

大企業の定義はないが、中小企業は法律で定義されている。製造業などの場合、資本金または出資金が3億円以下、従業員300人以下が中小企業であり、これ以外が一般的に大企業と呼ばれている。

テーマ 03 証券取引場

東証一部に上場している会社の数は1000社以上か、1000社未満か

テーマ 03 証券取引場

東証一部には、約「2千社」が上場

東証一部上場企業は2020年2月時点で2千160社。意外と多いように感じるかもしれませんが、約382万社のうち、割合にして5万社に1社という非常に狭き門です。そもそも日本には「東京証券取引所（東証）」、名古屋証券取引所（名証）、福岡証券取引所（福証）、札幌証券取引所（札証）と4つの証券取引所があるのですが、東証が99％のシェア占めており、さらに東証は次の5つの市場に分かれています。

東証一部：日本で最大の株式市場。約2千社が上場

東証二部：日本企業の中堅どころが集まる。内需向けの企業が多い

マザーズ：東証一部への上場を目指す企業が多く参加する市場

JASDAQ：ベンチャーが多く上場。ある程度実績のある企業の集まるスタンダードと、将来性の高いグロースの2つに分かれている

TOKYO PRO Market：09年に新設された完全にプロ投資家向けの市場

なお、時価総額とは「株式時価総額」の略で、上場企業の株価と発行済株式数をかけた数字のこと。企業の価値をあらわす指標の一つです。

追い知識

東証の中でグルグル回りながら株価を表示する円型の電光掲示板を「チッカー」という。株取引の量が多くなるほど高速で回り、その速さでその時の取引量がわかる仕組みになっている。

テーマ 04 銀行の歴史

日本で最初にできた銀行は現在で言うどの銀行か

テーマ 04 銀行の歴史

「みずほ銀行」の前身、第一国立銀行

日本で最初に開業した銀行は、「第一国立銀行（旧第一勧業銀行、現在のみずほ銀行）」で、１８７３年に東京の日本橋兜町《かぶとちょう》に開業しました。日本初の株式会社であり、政府内で設立を進めていた渋沢栄一が頭取に就任しました。その後次々と国立銀行が設立され、１８７９年までに１５３の銀行が生まれます。

銀行が作られたのは、明治政府が誕生した当初、国内にさまざまな貨幣が乱立していたからでした。貨幣を統一するために１８７２年にアメリカを参考にして「国立銀行条例」を制定します。「Bank」を「銀行」としたのは、「金銀を扱う店（行は中国語で店を意味する）」の訳から、金行よりも発音しやすい「銀行」が採られたと言います。

なお、地名にある「銀座」とは、もともと江戸時代に銀貨の鋳造《ちゅうぞう》などを管理した役所の名前に由来します。１６０１年に京都に作られた伏見銀座が始まりで、静岡にできた駿府《すんぷ》銀座が１６１２年に現在の東京都中央区に移されて地名として定着しました。その後、商業地として大きく発展したことから「銀座」の名前が繁華街の代名詞として認知され、日本各地に銀座の名をつけた地名や商店街などが生まれていったのです。

追い知識

銀行経営は中核的自己資本（返済義務のない資金で内部留保など）が重要とされ、2019年『ザ・バンカー』誌による中核的自己資本をもとにした世界銀行ランキングでは１位から４位までが中国の銀行だった。

日本の外食産業で売上高1位のゼンショーホールディングスが展開している牛丼チェーンといえば、吉野家とすき家どちらか

ゼンショーは「すき家」やなか卯などの親会社

市場規模25兆円を超える外食産業ですが、特徴として「利益率が高くない」ことが挙げられ、営業利益率が10%以上の企業は少ないとされています。そうした要因もあり、昨今はM&Aが盛んでさまざまな業態の店をグループとして展開する企業が目立ちます。

業界最大手のゼンショーホールディングスは売上高6千億円を超えるグループで、82年に「すき家」1号店を出店以降、ココス、ビッグボーイ、なか卯、華屋与兵衛などファミリー向けのチェーンをメインに展開しています。他に、ガストなどを展開する「すかいらーく」グループ。居酒屋チェーン甘太郎をはじめ、牛角やかっぱ寿司を買収して話題となった「コロワイド」グループ、「日本マクドナルド」、「吉野家」グループなどが売上高の上位です。吉野家グループはうどんのはなまるなども展開しています。

なお、世界全体の食産業（飲料も含む）の市場規模は890兆円で、2030年には1千360兆円になると農林水産省が推計しています。特に中国やインドなどのアジア需要が急速に伸びる予測で、1千360兆円のうちアジアだけで800兆円が占められています。

追い知識

漫画『キン肉マン』に登場する牛丼は、当初は「なか卯」だったが、のちに「吉野家」に変わっている。ちなみに吉野家の第1号店は築地市場の場内で、築地で働く人のための店だった（現在は豊洲に移転）。

テーマ 06 物の数とフェルミ推定

コンビニ、歯科医院、信号機、美容室、このうち日本でもっとも数が多いのは何か

テーマ 06 物の数とフェルミ推定

もっとも多いのは「美容室」で24万軒以上

全国のコンビニエンスストアの総数は約5・5万。歯科医院は約6・9万、信号機は約20・8万。では、美容室はいくつかといえば、約25・1万で最多（いずれも18～19年調べ）。**信号よりも美容室を目にする機会が多い**ことになります。

美容師業界では独立する人が多いこと（8割が個人経営）に加えて、90年代後半のカリスマ美容師ブームや木村拓哉主演のドラマの影響だと言われています。一方、理容室（いわゆる床屋）の軒数は美容室の約半分の12万軒ほど。あわせると37万軒以上ですが美容師と理容師は資格が違い、美容師は美容室、理容師は理容室でしか働けません。

このような、調べないとわからないような数字を類推することを「フェルミ推定」と言い、グーグルなどの外資系企業が面接試験に取り入れたことで話題になりました。フェルミ推定は1938年にノーベル物理学賞を受賞したエンリコ・フェルミに由来するもので、たとえば日本の人口、世帯数、国土面積などの基礎データから「日本にはいくつの郵便ポストがあるか？」などの問題に答えるというものです。ちなみに、総務省によると郵便ポストの数は18万744本（2018年）でした。

追い知識

話題を呼んだグーグルの採用試験だが、人事担当は13年に「『飛行機にはいくつのゴルフボールが入るか？』などクイズのような問題は（実際の業務の能力は測れず）時間のムダだった」と、実はすでに廃止されている。

日本人の死因の第1位はガン。2位は心疾患。では、3位は何か

死因の第3位は「老衰」

厚労省による2018年度の死因別死亡数で、1位は悪性新生物（ガン）28・4％（部位別では、**男性は「肺」「胃」「大腸」、女性は「大腸」「肺」「膵臓《すいぞう》」がトップ3**）、2位は心疾患15・3％、3位は老衰の8％となっています。これまでは「脳血管疾患」や「肺炎」が3位でしたが、老衰が年々数を増やしています。老衰は老化による心身の衰弱を指しますが、医学用語ではなく定義はあいまいです。「高齢者で他に特別な死因がない」時に診断されるもので、医師の判断に左右されます。近年は在宅死が増えており、精密な検査を行わないケースが多いことが、老衰増加の要因の一つと考えられます。

なお、90年代に「サメはガンにならない」という研究が話題になりました。この説は現在否定されているのですが、完全なるデマとも言い切れません。というのも、サメはガンへの対処法を体内に備えているのです。ガンも生きた細胞なので、毛細血管から栄養を受け取れないと死滅します。サメはそれを逆手にとって、ガン細胞のまわりに毛細血管を作らせなくする仕組みを持っているのです。ただし、この仕組みはホルモンによるものであるため、サメ由来のサプリで人間のガンが治ることはありません。

追い知識
サメ以外でガンにならない生物としてハダカデバネズミがいる。まだ理由はわからないのだが、ヒアルロン酸が何かしらの役割を果たしているのではという研究がある。

テーマ 08 魚と海の事情

日本の漁獲量は84年に1282万トンだったが、近年はおよそ何万トンか

ヒント

英語で言うと「About One third compared to 1984」だね

テーマ 08 魚と海の事情

約3分の1「431万トン」

農林水産省の「水産白書」によると、2017年の世界の漁獲量は2億559万トンで、このうち日本の漁獲量（養殖含む）は431万トン、市場規模にして1兆6千75億円となっています。日本の漁獲量は年々減っており、近年はピーク時（84年）の約3分の1、金額ベースでも2分の1ほど。港ごとに見ると、19年の水揚げ量のトップは千葉県の銚子港（2011年から9年連続）。一方、金額ベースでは静岡県の焼津港が首位で、これはマグロやカツオなど大型の魚が獲れるためです。

なお、世界人口が増え、水産資源をどう維持していくか議論されている中、今大きな問題となっているのが海中のプラスチックです。もともと石油から作られているプラスチックは、生物の内分泌系に悪影響を与えると言われる環境ホルモンを含んでいる他、海中の有害物質も吸収します。そのため、海中の生態系を壊し、さらには海産物を通して人体にも悪影響を与えると言われているのです。2016年のダボス会議では、**海のプラスチック量が2050年までに魚の量を超える**という試算が発表されるなど、海の環境汚染もまた人類の大きな課題の一つとなっています。

追い知識

日本の食用の魚介類の自給率は59%（2018年）で、半数近くが輸入である。また2014年のデータでは日本の魚の養殖率は21%、中国は約80%が養殖、世界全体では50%が養殖の魚である。

テーマ 09 ビリオネア

『フォーブス』発表の「世界の長者番付」で世界一になった回数がもっとも多いのは誰か

テーマ 09 ビリオネア

毎年必ずランクインの「ビル・ゲイツ」

アメリカの経済誌『フォーブス』は個人資産10億ドル（1千億円超）を超える「ビリオネア」の長者番付を毎年発表しています。この個人資産とは、現金だけではなく会社の株式なども含まれているので、会社の業績によって大きく変動しやすいのですが、ビル・ゲイツはこれまで20回近く1位になっています。

近年の上位層の常連は、投資家のウォーレン・バフェットやフェイスブックのマーク・ザッカーバーグなど。２０１９年版では、アマゾンドットコムの創業者ジェフ・ベゾスが14兆円超えで2年連続1位に。日本人では柳井正、孫正義、キーエンス創業者の滝《たき》崎《ざき》武《たけ》光《みつ》がトップ１００にランク入りしています（いずれも資産2兆円ほど）。

このビリオネアの数は年々増加傾向にあり、**世界のトップ富裕層26人の総資産と世界人口の半分（38億人）の総資産が同額**だと言われています。

なおこのランキングで、１９８７年から90年代にかけては、西武鉄道グループのオーナーだった堤《つつみ》義《よし》明《あき》が通算6回1位、森トラストグループ創業者の森《もり》泰《たい》吉《きち》郎《ろう》も2回1位になっています。

追い知識

ゲイツとバフェットは資産の半分以上を寄付する「ギビングプレッジ」活動をし、定期的に数千億円の寄付を行っている。また、ゲイツ夫妻が2008年に設立したビル＆メリンダ・ゲイツ財団は世界最大の私立財団である。

テーマ 10 世界中を虜にしてきた遊び

世界大会の優勝賞金額がテニスやゴルフのメジャー大会を超えることで知られる頭脳スポーツといえば何か

ヒント

この人の名前は

優勝賞金10億円超えの「ポーカー」世界大会とは

トランプゲームの定番の一つポーカーは競技として人気があり、賞金金額が高いことで知られています。その最高峰の大会がＷＳＯＰ（World Series of Poker《ワールド・シリーズ・オブ・ポーカー》）で、プロのプレイヤーだけでなく有名俳優やスポーツ選手なども参加し、数日に渡って行われる大規模なものです。２０１９年大会は８千５６９名が参加、優勝賞金は11億円と、個人競技の中では最高額とも言われます（テニスやゴルフのメジャー大会でも最大約４億円程度）。

そもそもトランプの歴史は中国から始まったという説が有力で、イスラムを介してヨーロッパに持ち込まれたと言われています。15世紀前後にはヨーロッパの各地で見られるようになり、日本には戦国時代さなかの16世紀にポルトガルから輸入されました。当時は「カルタ」と呼ばれ、のちの花札の原型になったとも言われています。

なお、トランプは英語では「プレイングカード」と言い、トランプと呼ぶのは日本だけ。トランプは英語で「切り札」という意味であり、西洋人たちが「トランプ！」と言いながら遊んでいたのを見て、日本人がトランプと呼ぶようになったのではと考察されています。

追い知識

トランプの製造を国内で始めたのは任天堂。日露戦争でロシア人捕虜を京都の東福寺に収容していたので、彼らのために作られたのが最初とされる。

テーマ 11 宇宙開発の昨今

「火星と地球」の距離は、「月と地球」の約何倍か

ヒント

超人気企業の就職倍率くらいかな

その差「約200倍」。人類が火星に行けていない理由

１９６９年、アメリカのアポロ11号が初の月面着陸に成功し、アームストロング船長とパイロットのバズ・オルドリンが月面を歩きました。一方、火星への有人飛行を成功させたプロジェクトはいまだありません。問題はその距離。**月は平均38万キロで、ロケットで往復2～4日ですが、火星は最接近時でも7千528万キロで、約200倍。往復3年間**という期間と、それを可能にするための莫大なコストが問題になっています。

しかし、それでも宇宙開発は年々盛り上がっており、民間最大手のスペースX社は10年以内の火星への有人飛行を目標に掲げていますし、日本でも続々と宇宙ベンチャーが立ち上がっています。最近では旅行だけではなく「スペースデブリ（宇宙ゴミ）」問題に取り組む事業なども注目され、内閣府は国内１・２兆円の市場規模が２０３０年代には最大４・２兆円になると予測を出しています。

なお、日本人で初めて宇宙飛行を行ったのは実は民間人。ＴＢＳ社員（当時）の秋《あき》山《やま》豊《とよ》寛《ひろ》で、ＴＢＳ創立40周年事業として90年にソ連のミール宇宙ステーションに滞在しました。その後、92年に毛《もう》利《り》衛《まもる》が宇宙飛行士として宇宙へ旅立ちます。

追い知識

太陽系からもっとも近い恒星系「ケンタウルス座アルファ星」は4.3光年の距離にあるが、今の技術では１光年移動するのに約2万年かかるとされるので、片道8.6万年かかる計算となる。

テーマ 12 アスリートの年収

1990年からのスポーツ選手長者番付（『フォーブス』発表）で、もっとも1位を獲得しているのは誰か

ヒント

この競技の
メジャーな選手といえば…

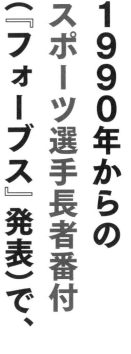

テーマ12 アスリートの年収

30年で11回トップになった「タイガー・ウッズ」

『フォーブス』発表のスポーツ選手の年収（年棒やボーナスにスポンサー料などを加えたもの）トップ100で1990年から2019年までもっとも1位を獲得しているのはタイガー・ウッズです（11回）。2位はマイケル・ジョーダン（6回）で、トップ100を見ていくと例年バスケットボール、NFL、野球選手の割合が多く、アメリカ色の強い顔ぶれが見られます。ただし、近年はサッカー選手のランク入りが目立ち、16～17年の1位はクリスティアーノ・ロナウド、19年はリオネル・メッシ（1億2700万ドル）という結果になっています。また、金額ベースではボクシングのメイウェザーが15年に3億ドル、18年に2・8億ドルで歴代1位&2位となっています。

なお、米調査会社の「世界で選手の平均年収がもっとも高いチームスポーツトップ6」では、1位がバスケットで2位には「クリケット」がランクイン。クリケットはイングランド発祥の野球にルールの似たスポーツで、インド、バングラデシュ、オーストラリア、南アフリカなどイギリス連邦諸国で大人気のスポーツ。その平均年収は4・5億円超えで、元プロ野球選手の木村昇吾も2018年にクリケットに転向しています。

追い知識

2019年版のランキングでは、錦織圭が35位（約40億円）で、日本人として唯一トップ100入りしている。なお、マイケル・ジョーダンは生涯収入ランキングで1位（約2000億円）である。

テーマ 13 モーターレース

モータースポーツにおける世界三大レースといえば、「インディ500」、「ル・マン24時間レース」あと一つは何か

公道を閉鎖して行う「モナコ・グランプリ」

世界三大レースは、アメリカの「インディアナポリス５００マイルレース（インディ５００）」、フランスの「ル・マン24時間レース」、そしてモナコ公国で開催される「モナコ・グランプリ」の３つを言います。モナコ・グランプリは１９２９年から開催され、市街の公道を閉鎖して行われるレース。コース幅が狭く、直線がほとんどない高難度のコースです。アイルトン・セナが通算６勝、史上最多記録となっています。

また、インディ５００は米インディアナ州で１９１１年から開催されている歴史あるレースで、１周２・５マイルのコースを２００周するという高速周回レース。17年の第１０１回大会で佐藤琢磨《さとうたくま》が日本人として初めて優勝しています。

ル・マン24時間レースはフランスで行われる24時間耐久の過酷なレース。「市販車による耐久レース」という主旨で１９２３年に開催されました。91年にはマツダが日本車として初めて優勝し、95年には関谷正徳《せきやまさのり》が総合優勝しています。

なお、それぞれのレースの平均速度は、モナコ・グランプリが時速１３０〜１６０キロ、インディ５００が時速３５０キロ、ル・マン24時間が時速２４０キロとされます。

追い知識

F1カーは市販品ではないため、その製造価格は１台数億〜10億円超えもあるという。ハンドル一つで高級車が買えると言われている。

テーマ 14 アメリカの地理

ニューヨーク州NY市は5つの行政区からなるが、ブロンクス、ブルックリン、クイーンズ、スタテンアイランド、あと一つは何か

テーマ14 アメリカの地理

もう一つは「マンハッタン」

NY（ニューヨーク）市は、アメリカ北東部にあるニューヨーク州の中にある街。ブロンクス、ブルックリン、マンハッタン、クイーンズ、スタテンアイランドという5つの行政区から構成され、ウォール街、ブロードウェイなど、ビジネスや文化の発信地となる世界最大の都市です。そもそもアメリカには全部で50の州がありますが、連邦法と州法という2つの法律と、合衆国憲法と州憲法があり、「独立国の集まり」と言うような文化を持っています。ここでは簡単に有名な州を見てみましょう。

カリフォルニア：西の沿岸部。シリコンバレーと呼ばれる地帯はこの州にある
ネバダ：カリフォルニアの東隣。カジノで有名なラスベガスがある
フロリダ：アメリカ南東の出っ張ったところ。ケネディ宇宙センターやディズニーがある
テキサス：アメリカの南、ヒューストン宇宙センターがある
ワシントン：北西の端。スタバ発祥の地シアトルはこの州の中心都市
ワシントンD.C.：ホワイトハウスのある首都。D.C.とは「コロンビア特別区」の略で、州には属さない。アメリカ東部にあり、ワシントン州とはまったく場所が違う

追い知識
アメリカは13あったイギリスの植民地（独立13州）が独立宣言と独立戦争を経て、合衆国憲法を批准。徐々に州として独立していき、合衆国となった。最初に成立したのはデラウェア州とされる。

テーマ 15 宇宙を目指す2人

民間宇宙会社「スペースX」の創業者はイーロン・マスク。では、「ブルー・オリジン」の創業者は誰か

ヒント

「ワシントン・ポスト」のオーナーでもある人だね

アマゾン創業者「ジェフ・ベゾス」のブルー・オリジン

世界有数の大企業アマゾンの創業者ジェフ・ベゾス（64年生まれ）はシステム会社、金融会社などを経て95年にオンライン書店サービスとしてアマゾンを創業。スピードが求められるテック企業でありながら「長期的成長」を掲げ、投資を先行で赤字決算を続ける、利益が出ても株主に配当せず事業の投資に使う、といった姿勢で株価を上げ続け、今や世界の株式市場でもっとも大きなインパクトを持つ「GAFA《ガーファ》（グーグル、アップル、フェイスブック、アマゾンの頭文字）」の一角になっています。

一方、イーロン・マスクは71年に南アフリカで生まれた起業家で、電子決済システムの草分け「X.com（のちのPayPal）」や電気自動車メーカー「テスラ」の創業者。特にアメリカで人気があり、「MBA保持者が憧れる起業家」の1位にもなりました。

2人とも民間宇宙事業の会社を立ち上げており、**ベゾスは00年に「ブルー・オリジン」、イーロンは「スペースX」を02年に立ち上げました。**冷静沈着なベゾスと、前に出るタイプのイーロンは対比されることも多く、直接的にもブルー・オリジンとスペースXは米軍のロケット受注をめぐる訴訟を起こしています。

追い知識　宇宙ビジネスに力を入れる起業家は多く、マイクロソフト共同創業者のポール・アレンやイギリスの大富豪リチャード・ブランソンなども参入している。

ナイジェリア連邦共和国と南アフリカ共和国、経済規模が大きいのはどちらか

テーマ16 アフリカの経済大国

経済規模が大きいのは「ナイジェリア」

ナイジェリアはアフリカ一の経済大国。その人口は1億9千万人を超え、世界トップ10に入る人口の多い国です。GDPは約43兆円（18年）ですが、国家の収入の7割を原油に依存しており、貧富の差が大きいことでも知られています。

一方、南アフリカ共和国はアフリカ大陸の南端の国。人類発祥の地としても有名です。人口は6千万人弱で、世界有数の金やプラチナの産地。ワインの生産量でも世界トップ10に入る国で、特にシュナン・ブランという白ブドウが有名です。1948年からの「アパルトヘイト」政策で非白人（有色人種）への差別が続きますが、91年に関連法案がすべて撤廃。これに尽力したネルソン・マンデラが94年に大統領に就任し、ノーベル平和賞を受賞しています。

なお、南アフリカの中にポツンとある国が「レソト王国」。絶景の地として有名で、全国土が標高1千500m以上、「天空の王国」とも呼ばれる九州より小さな国です。19世紀末にソト族によって建国され、イギリスの植民地となったのち1966年にレソト王国として独立しました。

追い知識

南アフリカは、ヨハネスブルグ、行政府プレトリア、立法府ケープタウン、司法府ブルームフォンテーンとそれぞれが首都として機能している。またナイジェリアには500を超える言語がある。

その国に住む人を年齢順に並べていき、ちょうど真ん中になる年齢を何と言うか

テーマ 17 年齢から見た世界と日本

「中央年齢」。日本は世界2位

正解は、「中央年齢」。人を年齢順に並べていった時、ちょうど真ん中にあたる年齢のことを言います。CIAの「ザ・ワールド・ファクトブック」(2020年の推定)によると、日本の中央年齢は48・6歳。つまり、**0～48歳までの人口と48歳以上の人口が同じ**ということで、世界第2位の高齢国です。この調査で第1位はモナコの55・4歳、一方の最年少は西アフリカのニジェール共和国で、14・8歳となっています。先進国の多くは高齢化が進み、途上国では貧困と人口増加が進んでいます。

なお、日本は平均寿命の高い国としておなじみですが、平均寿命とは、その年に生まれた0歳児がその後何年生きるかを国などが「推計」したもの。その年に亡くなった人の平均年齢ではありません。WHOが19年に発表した平均寿命では、世界平均72歳に対し日本は84・2歳(男性81・1歳、女性87・1歳)で世界一となっています。

ただし、平均寿命は病気などの有無は考慮されていません。健康でいられる年齢を割り出したものは「健康寿命」と言い、2016年の調査では日本人は男性が72・14歳、女性が74・79歳となっています。

追い知識

香港は平均寿命が高い地域であり、男性82.17歳、女性87.56歳とどちらも日本人を抜いて世界一(18年)。00年から香港政府が行う健康推進プロジェクトが功を奏しているという。

テーマ 18 世界大学ランキング

THE発表の世界大学ランキングのトップ常連であり、あわせて「オックスブリッジ」とも呼ばれる2つの大学名は何か

テーマ 18 世界大学ランキング

「オックスフォード」と「ケンブリッジ」

世界の大学ランキングの中で、日本でよく取り上げられているのはTHE（Times Higher Education）が毎年秋に発表するものです。20年版の1位はイギリスのオックスフォードとなりました。オックスフォード大学はイギリス最古の大学で、イギリスの歴代首相を輩出している名門。一方ケンブリッジはそのオックスフォードの学者や学生が作った大学で、ニュートンやダーウィンなどのノーベル賞受賞者を輩出しています（同ランキングでは3位）。この2大学は、あわせて「オックスブリッジ」と呼ばれることもあります。

THEのランキングは教育力や研究力、国際性などの実績調査と、世界中の研究者へのアンケート調査などをもとにした研究重視の評価基準だと言われます。20年のランキングでは、1位オックスフォード、2位カリフォルニア工科大学、3位ケンブリッジ、4位スタンフォードとなっています。日本の大学では東大が36位、京大が65位にランクインし、日本政府は大学改革の一環として2023年までにこの世界ランキング100位以内に日本の大学を10校ランクインさせるという目標を掲げています。

追い知識

THEと双璧をなす大学ランキングとしてQS（クアクアレリ・シモンズ社）も毎年9月に発表している。顔ぶれはほとんど同じであるが、2020年版では東大が過去最高の22位を記録した。

グーグル創業者の出身大学といえばどこか

テーマ 19 トップリーダーたちと教育

「スタンフォード」出身者が生み出したリード・カンパニー

グーグルは98年にスタンフォード大学の博士課程にいたラリー・ペイジとセルゲイ・ブリンが創業した会社。検索エンジンの開発からスタートし、Gmailなどのアプリケーションや独自OS「Android」の開発、「YouTube」や携帯会社の買収などで事業を広げていきました。事業が多角化する中、15年には持株会社（親会社）としてAlphabet《アルファベット》が作られ、グーグルはアルファベットグループの中の一社となりました。

この持株会社とは「会社としての本業は持たず、子会社を管理するために作られた会社」のことで、ソフトバンクグループ、キリンホールディングスなど日本でも多数の企業が取り入れている方式です。ラリー・ペイジはアルファベット社のCEOを19年末に退任し、後任にインド系アメリカ人のサンダー・ピチャイが就任しています。

なお、ラリー・ペイジ、セルゲイ・ブリンらに共通するのがモンテッソーリ教育を受けていたことです。モンテッソーリ教育は、イタリアで初の女性医師となったマリア・モンテッソーリが1907年に始めたもので、子どもの自立性や考える力など数値化できない力（非認知能力）を伸ばす教育プログラムとして知られています。

追い知識

ビル・ゲイツ、マーク・ザッカーバーグ、ジェフ・ベゾスなどの起業家、オバマ元米大統領やビヨンセ、日本人では将棋棋士の藤井聡太もモンテッソーリ教育を受けていたという。

美食ガイドとして権威を持つ「ミシュランガイド」であるが、発行元のミシュランは、何の事業をしている会社であるか

テーマ 20 ミシュラン

「タイヤメーカー」のミシュランが発行したガイドブック

ミシュランとは、1889年創業のフランスのタイヤ会社。ブリヂストンなどと並ぶ世界最大手のメーカーです。自動車、オートバイ、飛行機、自転車などの他、ダカール・ラリー、スーパーGTなどのモーターレースの出場車にもタイヤを提供しています。

ガイドは1900年に「自動車で旅行する時のガイドブック」として始まりました。星の評価を導入したのは1926年からで、その評価基準は「素材の質」「調理技術の高さと味つけの完成度」「独創性」「コストパフォーマンス」「常に安定した料理全体の一貫性」の5つです。三つ星は「そのために旅行する価値のある卓越した料理」。二つ星は「遠回りしてでも訪れる価値のある素晴らしい料理」。一つ星は「そのカテゴリーで特に美味しい料理」。そして、「コストパフォーマンスの高い飲食店・レストラン」としてビブグルマンが作られました。

現在、星の評価をめぐって訴訟が起きるなど、社会的影響は多大なものがあります。ただし、ミシュラン社の売上のうちガイドによる収入は数%程度に過ぎず、本業はあくまでもタイヤの製造販売です。

追い知識

世界でもっとも三ツ星が多い都市は、実は東京。次点にパリ、京都・サンフランシスコと続く。白いマシュマロのようなコーポレートキャラクターは「ムッシュ・ビバンダム」と言う。

テーマ 21 東西の間に挟まれて

俗に言われる「世界三大料理」といえば、フランス料理、中華料理とあと一つは何か

テーマ21 東西の間に挟まれて

世界三大料理は、「トルコ」、フランス、中華の3つ

世界三大料理はフランス料理、中華料理、トルコ料理の3つとされ、ヨーロッパの歴史家や料理研究家の間で広まったという説が有力です。料理の味というよりは、歴史的な意義・世界の文化に与えた影響が選定の理由で、トルコ料理の場合はヨーロッパ・アフリカ・アジアの文化が合わさっている点、またオスマン帝国時代に広大な領土を築き、料理の面でも世界に大きな影響を与えたからだと言われます。

トルコ料理は、肉（主に羊）、魚、ヨーグルト、ナッツ、オリーブオイル、バター、小麦、米、スパイスなど東西の文化を融合した素材や味つけが特徴で、焼いた肉（ケバブ）やトマトの煮込み、ピラフ、トルコ風の餃子（マントゥ）などが代表です。

トルコは人口8千200万人（2018年）で、首都はアンカラ。イスラム教徒が大部分を占める国です。世界屈指の親日国家として知られており、その理由は、日露戦争で日本がロシアに勝利したこと（トルコはロシアの脅威にさらされてきたので）や、1890年のエルトゥールル号事件（和歌山県沖で起きたトルコ船の難破事故で、地元の日本人が難破したトルコ人たちを看病した）などがあると言われています。

追い知識

一般的に料理は味や見た目に価値が置かれるが、歴史的に中華料理では食材の希少性や薬効が重視されてきた。そのため、新たな食材を探す中で未知のウィルスと遭遇するリスクや乱獲の問題も出てくる。

テーマ 22 お酒の種類と酵母の力

ワインとは醸造酒と蒸留酒、どちらか

ワインは「醸造酒」。ブドウを酵母の力で発酵させた飲み物

お酒には大きく3種類あり、その元祖は穀物や果物を酵母で発酵させた「醸《じょう》造《ぞう》酒《しゅ》」です。ビールや日本酒、ワインなどが代表です。この醸造酒を熱して濃縮（＝蒸留）したものが「蒸留酒」で、ウイスキーや焼酎、ブランデーなど。そして醸造酒や蒸留酒に果実や香料などを加えたものが「混成酒」で、梅酒やシェリー、本みりんなどです。

そんなお酒に欠かせないものが、酵母。**酵母とは糖分（特にブドウ糖）をアルコールと二酸化炭素（＝炭酸ガス）に分解する微生物**で、1千以上の種類があり、穀物や果物の表面などに生息しています。人はその働きをお酒やパン、味噌や醤油などの食品に利用してきたのです。たとえばシャンパンの炭酸は「瓶《びん》内《ない》二《に》次《じ》発《はっ》酵《こう》」といって、まず白ワインを作り、その白ワインに酵母を入れ、熟成することで自然の炭酸が生まれます。

酵母の存在が初めて確認されたのは17世紀のオランダで、商人でもある「微生物学の父」アントニ・ファン・レーウェンフックが自作の顕微鏡で観測に成功しました。

なお、焼酎やウイスキーはボトルキープできますが、日本酒やワインはボトルキープできません。理由は、醸造酒は封を開けると酸化し、長期保存に向かないからです。

追い知識

本みりんは江戸時代に女性やお酒が苦手な人でも飲むことができる甘口な高級酒として飲まれていた。そばつゆなどの調味料として用いられるようになったのは江戸中期以降である。

テーマ 23 白ワインの原料

シャンパンの原料になるブドウといえば何か

ヒント

・シャルドネ
・ソーヴィニヨン・ブラン
のどちらかだよ

テーマ 23 白ワインの原料

シャンパーニュ地方の「シャルドネ」がシャンパンになる

シャンパンとは仏シャンパーニュ地方で法律に則《のっと》って作る発泡性ワインを指し、シャルドネというブドウがその原料です。シャンパン以外の発泡性ワインは「スパークリング」（イタリアではスプマンテ、スペインではカバ）と呼ばれます。

ワインの歴史は古く、紀元前2千年頃の「ギルガメッシュ叙事詩」にすでに記述があります。古代エジプト、古代ギリシア、ローマ帝国などでもたしなまれ、キリスト教の普及でヨーロッパ全土に浸透。15～16世紀の大航海時代には全世界で醸造されるようになりました。それゆえに複雑なのですが、ワインの大まかな味の個性はブドウの品種でわかると言われています。ここでは、白ワインを代表する3品種を紹介しましょう。

シャルドネ：白ワインのもっとも代表的な品種で、味わいのバランスがよい

ソーヴィニヨン・ブラン：フレッシュな酸味があり、爽やかな味わいになる。フランスボルドー地方の他、ニュージーランドや南アフリカなどでも栽培

リースリング：ドイツのラインガウ地方が原産で、品質が高いブドウとして知られる。「高貴な香り（アロマティック）」が特徴のワインとなる

追い知識　黒ブドウを白ワインの製法で作るワインを「ロゼ」といい、一方、白ブドウを赤ワインのように作ると「オレンジワイン（アンバーワイン）」と呼ばれる。

テーマ 24 赤ワインの原料

超高級ワインの代名詞「ロマネ・コンティ」の原料となるブドウといえば何か

ヒント

・カベルネ・ソーヴィニヨン
・ピノ・ノワール
どっちかな？

テーマ 24 赤ワインの原料

「ピノ・ノワール」で作られる数百万円超えのワイン

「ロマネ・コンティ」は、フランスで高品質なワインの産地として知られる**ブルゴーニュ地方の中でも、ロマネ村のDRCという醸造所で、ピノ・ノワールを原料にして作られた赤ワイン。**世界屈指の品質の高さと生産数の少なさなどから、世界でもっとも高価なワインの一つとして知られ、1本数百万円以上で取引されることもあります。ここでは赤ワインを代表する4品種をおさえておきましょう。

カベルネ・ソーヴィニヨン：栽培面積世界1位のブドウの王様。皮が厚く、渋くしっかりとした味わいになる。他のブドウとよくブレンドされる。カシスのような香り

メルロー：フランス・ボルドー地方が原産。病気に強い、早熟などの特徴から世界で愛されている。果実味が強い。プラムのような香り

ピノ・ノワール：皮が薄く、繊細でエレガントな味わいのワインができる。カルフォルニアやニュージーランドなどでも栽培。ベリーやさくらんぼのような香り

シラー：フランス・ローヌ地方、オーストラリアが2大産地の小粒なブドウ。コク・酸味・果実味の強いワインができる。オーストラリア産はシラーズと呼ばれることも

追い知識

ボルドー地方の醸造所（シャトー）のうち、ラフィット・ロスシルド、マルゴー、ラトゥール、オー・ブリオン、ムートン・ロスシルドは五大シャトーと呼ばれ、高品質のワインが作られている。

テーマ 25 人口と食料の未来

世界人口が増加し、将来的に足りなくなると言われている栄養素は何か

テーマ 25 人口と食料の未来

世界的な「タンパク質」不足で注目される昆虫食

「世界人口予測2019年版」によると、世界の人口は毎年8千300万人ずつ増えていて、2030年までに86億人、2050年に97億人、2100年には109億人を超えると予測されています。特に増加が見込まれるのは、インド、ナイジェリア、パキスタン、コンゴ、エチオピア、アメリカなど9カ国です。

そこで問題になるのが食料で、FAOは「2019年世界食料・栄養白書」ですでに8億2千万人は栄養不足の状態だと報告しています。小麦などの炭水化物に依存することで肥満や貧血になっている人が増えており、さらに5歳児未満の22%が発達阻害（同年齢の子どもに比べ身長が著しく低い状態）だと言います。

特に深刻なのがタンパク質不足であり、注目されているのが昆虫食です。**牛肉のタンパク質量が10～25%程度に対し、昆虫は50%**とも言われ、栄養効率が高く、さらに肉や魚に比べ養殖コストも低いので、食糧や飼料への活用が期待されています。

なお、人口増加の一方で人口が減少する国や地域も増えていく予測で、その数は50を超えます。日本は2060年には8千674万人になる見込みです。

追い知識

2019年の国連の報告では、世界人口のピークは2100年でそれ以降は減少する予測になっている。各地で高齢化も進み、65歳以上の人口が倍増すると見られている。

テーマ 26 GDPの考え方

GDP世界1位はアメリカ。では、「国民一人あたりGDP」が世界一である国の名前は何か

テーマ 26 GDPの考え方

欧州の有名企業の誘致に成功した「ルクセンブルク」

ＧＤＰとは、ざっくり言えば「国が1年間でどれだけお金を稼いだか」の値。一方、「一人あたりＧＤＰ」はＧＤＰを人口で割ったもの。国が生み出したお金が国民にどれだけ行き渡っているか、おおまかな平均所得を割り出すことができるというもので、この２つを比べることでより実態に近い経済状況がわかるとされています。

ルクセンブルクの国土は神奈川県ほど（人口60万人）ですが、税の優遇政策などでヨーロッパ中から有力な企業を誘致することに成功し、近年は官民一体となって宇宙産業にも積極的に取り組んでいます。ＧＤＰは約６００兆円（世界70位台）ですが、一人あたり換算では90年代からずっと1位（1千万円以上）。次点にスイス、マカオ、ノルウェー（７００～８００万円台）が続きます。日本は３９０万円ほどで、世界20位台です。

なお、ＧＤＰには「名目ＧＤＰ」と「実質ＧＤＰ」がありますが、一般的に使われる名目ＧＤＰは物価変動（インフレやデフレ）の影響を受けやすいので、より正確に経済の実態を捉えようと「物価の変動を除いたＧＤＰ」が実質ＧＤＰです。ある年を基準に、現在との物価の差を調整して算出します。

追い知識
ベルギー、オランダ（ネーデルランド）、ルクセンブルクを合わせて「ベネルクス」という。かつてこの地域ではネーデルラント連合王国が結成されており、毛織物などで栄えていた。

テーマ 27 働く場所としての国連

国連の職員が使う公用語は、英語と、もう一つは何語か

ヒント

きっと常任理事国になっている国の言語だよね

英語と「フランス語」の二カ国語が公用語

国際連合（国連）は1945年10月に生まれた国際機関で、2011年に南スーダンが加入して193カ国に（日本は56年、80番目に参加）。本部はアメリカのニューヨーク市に置かれています。事実上の意思決定機関である「安全保障理事会」（米、英、仏、露、中の常任理事国5カ国と10カ国の非常任理事国）と、「事務局」「国際司法裁判所」、また「WHO」「ユニセフ」などの専門機関によって構成されています。職員は約4万4千人、このうち日本人は882人です（18年のデータ）。

給与は一般職で300～700万円、上級職では1千万～2千万円以上になることも（上級職に就くには修士号程度の学歴と専門性、2年以上の職務経験が必要）。国連での公用語は英語、フランス語、ロシア語、中国語、スペイン語、アラビア語の6言語で、事務局の仕事で使われるのは英語とフランス語（英語は必須）です。

なお、**英語発祥の国イギリスはフランス貴族の庶子（婚外子）だったギヨーム2世が攻め入って王位に就いた国**です。つまり、当時はイギリスの王族もフランス語を話していました。そのためか、フランス語は「王侯貴族の言語」と言われることもあります。

追い知識

国連の財源は加盟国の持ち出しであり、日本は例年260億円程度を負担（18年まで米国に次いで2位、19年は中国に次いで3位に）している一方、193カ国中77カ国が滞納し問題となっている。

テーマ 28 フランスの都市

フランスでパリに次いで第2位の規模を持つ都市はどこか

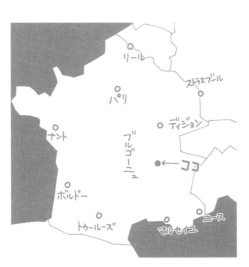

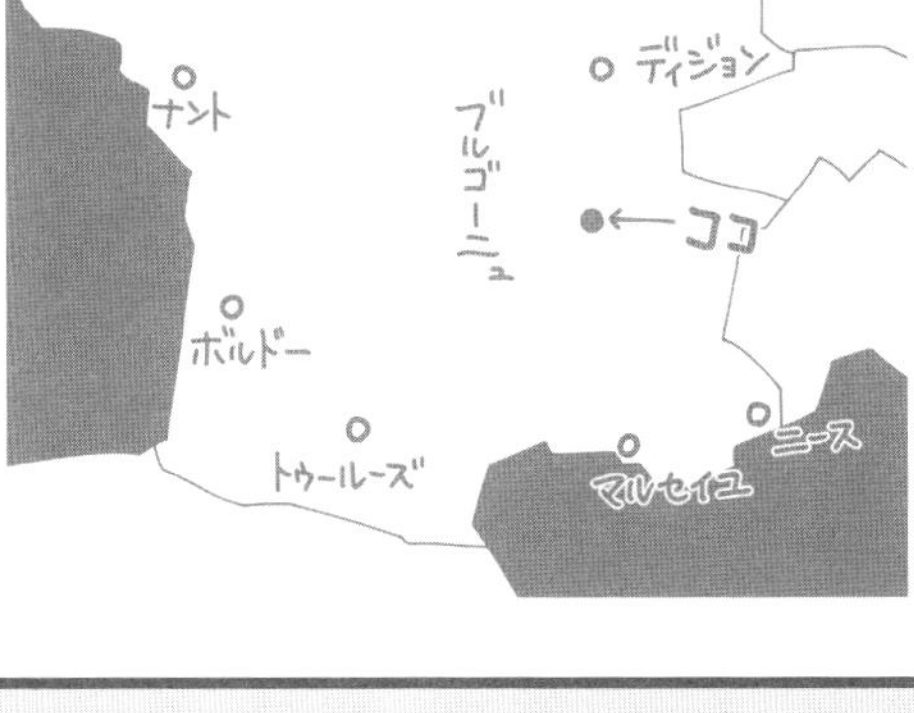

金融と美食の街「リヨン」

パリはフランス北部にあり、経済の中心で外資系企業も多く、観光客の数も世界一と言われる世界屈指の大都市です。そして、フランス第二の規模を誇るのが、中央やや東にある都市「リヨン」。金融と美食の街として知られています。フランスではミシュランガイドが1900年に発刊されていますが、政府の観光政策も早かったことで知られています。1910年には世界初となる観光局を設置し、ホテルリストが作られました。しかし、直後に第一次世界大戦が起き、観光どころではなくなってしまいます。

観光ビジネスが本格化したのは1930年代で、アメリカを端にした世界恐慌への対策として観光の経済効果が注目されていたこと、また1936年に有給休暇法が成立したことで内需も起きたのでした。参考までに有名都市を紹介します。

ブルゴーニュ：リヨンの北にあるブドウの有名産地。ボジョレーもここにある

ボルドー：ワインの有名産地で、大西洋に面した港町。世界遺産に登録されている

マルセイユ：南にある最大の港町、温暖な気候

ニース：フランス南東部でイタリアに隣接している美しい街で、文化もイタリアに近い

追い知識

古代ローマの政治家ユリウス・カエサルは『ガリア戦記』を著したが、この「ガリア」とは昔のフランスのこと。リヨンはガリアの首都で、ローマ時代から交通の要衝として栄えていた。

テーマ 29 南米の昨今

近年グルメの国として注目を集める南米で、経済規模が大きい国「トップ2」はどことどこか

ヒント

1位はあの国。
2位は親日の国みたい

テーマ 29 南米の昨今

1位は「ブラジル」、2位は「アルゼンチン」

ブラジルは南米の東側を占める大きな国で、GDP（名目）では毎年トップ10に入る経済大国です。コーヒーなど農業大国のイメージが強いですが、航空機開発や石油採掘業などハイテク産業も盛んになっています。また、サッカーのワールドカップ優勝回数は5回と世界第1位、成績が振るわないと社会問題が起きるほどです。

南米2位の経済大国はアルゼンチン。02年に財政破綻をしていますが、南米ではブラジルに次ぐ国土面積・経済規模を持つ国です。昔から日系人が多い親日国家としても知られています（日系人が多いのは、かつて日本人が出稼ぎに行ったから）。牛肉の消費量は世界屈指で、地域によっては1日に2キロも食べる（主食代わりなので調味料はかけない）そう。世界有数のワインの生産地としても知られています。

一方、南米は今グルメで注目されており、その代表がブラジル人シェフのアレックス・アタラ氏。経営する「D.O.M.」は世界の一流店のシェフや美食家らが選ぶ「世界のベストレストラン50」の常連です。また、同ランキングには近年ペルーのお店も多数ランク入りし、盛り上がりを見せています。

追い知識

世界のベストレストラン50は2002年にイギリスでスタートしたもので、シェフ、ジャーナリスト、美食家らが投票者となり、それぞれ世界から10の店を選び、ランキングが作られる。

テーマ 30 山と登山家

世界の中で、8千mを超える山はいくつあるか

ヒント

徳川15代将軍で言ったら、家《いえ》茂《もち》と同じ数字かな

テーマ30 山と登山家

8千m峰は、全「14座」ある

エベレスト（標高８千８４８ｍ）を初めとした標高８千ｍを超える山は世界に14座あり、中国・ネパール・チベット・パキスタンのいずれかに属しています。14座すべての登頂を初めて達成したのはイタリアのラインホルト・メスナーで、１９８６年に達成。日本人では２０１２年に竹《たけ》内《うち》洋《ひろ》岳《たか》が達成しています（世界では29人目）。

高所８千ｍはデスゾーンと呼ばれ、酸素濃度が地上の３分の１、著しい身体機能や意識の低下が起き、体力の落ちた下山中の事故がもっとも多いとされています。以前は酸素ボンベや現地ガイドのシェルパを利用した登山が一般的でしたが、近年は「無酸素」「単独」による登《とう》攀《はん》、より過酷な「冬季登攀」や、８千ｍ峰ではないが極めて難易度の高い山の攻略など、世界の登山家たちが挑戦を続けています。

なお五大陸それぞれの最高峰はモンブラン（ヨーロッパ）、キリマンジャロ（アフリカ）、アコンカグア（南米）、エベレスト（アジア）、マッキンリー（アメリカ）の５座で、これらを世界で初めて登頂したのが植《うえ》村《むら》直《なお》己《み》。その功績で84年に国民栄誉賞を受賞しますが、マッキンリー下山中に落命、その死後に「植村直己冒険賞」が設立されました。

追い知識

シェルパはネパールの少数民族のこと。山岳ガイドを行うのはその中の選び抜かれた精鋭で、ネパールの重要な産業の一つとなっている。中には20回以上エベレストを登頂している猛者もいる。

テーマ 31 強豪国に囲まれて

ドイツ、オーストリア、イタリア、フランスに四方を囲まれているこの国はどこか

金融の国であり職人の街「スイス」

スイスは四方を独、仏、伊、墺《オーストリア》に囲まれ、人口855万人（18年）のうち4分の1ほどが外国人の国です。地理的に大国から干渉を受けやすかったので「同盟国を作らない（他の国の戦争には一切かかわらない）」永世中立国の立場をとっています。

スイスの一人あたりGDPはルクセンブルクに次ぐ高さで、その要因は金融業と、何と言っても時計です。ロレックス、オメガ、タグ・ホイヤーなどのメーカーはみなスイス生まれ。職人が100～1千を超えるパーツで作る時計は「小宇宙」と形容されるほど複雑で精巧なものです。アポロ13号で燃料タンクが爆発した時、軌道修正のために14秒間エンジンを手動で噴射する必要があったのですが、**オメガの時計（スピードマスター）は宇宙空間でも正確に時間を測り、船員は無事帰還できた**という話があります。

なお、日本が世界に誇る時計ブランド「セイコー」は80年代に水晶を使ったクオーツ時計を開発し、安価での量産に成功。「世界のセイコー」となる一方で、スイスの時計産業は大ダメージを受けます（＝「クオーツショック」）。しかし、スウォッチに代表される安価でデザイン性の高いアナログ時計を生み出し、復活を果たしたのでした。

追い知識

国連本部はアメリカのニューヨーク市にあるが、2番目に大きい事務所がスイスのジュネーブにある。国際連合欧州本部とも呼ばれ、WHOもここにある。

世界遺産の登録を決めているのは国連のどの機関か

テーマ 32 国連の専門機関

「ユネスコ」が行う世界遺産登録

国連には20を超える専門機関があり、ニュースなどでよく聞くＷＨＯ（世界保健機関）、ＩＭＦ（国際通貨基金）、ＩＡＥＡ（国際原子力機関）、ＷＴＯ（世界貿易機関）、ＦＡＯ（国連食糧農業機関）などもその一つです。

世界遺産はそのうち「ユネスコ（国際連合教育科学文化機関）」が選んでいるもの。「過去から未来に引き継ぐべき人類の遺産」として「文化遺産」「自然遺産」「複合遺産」の３種類からなり、世界遺産委員会が原則年１回選定しています。

20年２月現在、世界遺産の数はイタリアと中国が55で同率１位、３位にスペイン48と続きます。日本では23（文化遺産が19、自然遺産が４）登録されています。

なお、東京・表参道にある**「国連大学（国際連合大学）」は、大学ではなく国連のシンクタンクとして設立されたもの。**貧困や気候変動など地球規模の課題を解決するための共同研究などを行っています。大学ではありませんが、大学院としてのプログラムはあり、「サステイナビリティ（持続可能性）」を大きな柱にしたテーマを学ぶことができます。

追い知識

ユネスコの本部はパリ、IAEAの本部はオーストリアのウィーンにあるなど、世界各地に分散している。これは国連と各専門機関の設立背景が異なるためで、調べてみるとおもしろいでしょう。

2045年、AIが人間の知能を超えると言われているが、このポイントは何と呼ばれているか

テーマ 33 AI開発のこれまでと予測

20年後には訪れるかもしれない「シンギュラリティ」

「AI（artificial intelligence／人工知能）」は学習し、推論を立てて判断などができる情報処理システムのこと。1950年代半ばから研究が進んでいます。67年にチェス用のAIが作られ、88年にはチェスのタイトル保持者に勝利。96年にはIBMの「ディープ・ブルー」が開発され、人間が勝つことは難しくなりました。局面が多く人間が有利と言われてきた囲碁でも、17年にグーグル傘下のディープマインド社が開発した「AlphaGo（アルファ碁）」が最強棋士・中国の柯潔《かけつ》に勝利をおさめ話題を呼びました。

そんな中、アメリカで**AI研究の権威であるレイ・カーツワイルはAIが人間の知能を超える時点を「シンギュラリティ（技術的特異点）」**とし、2045年までにはその時が訪れると予測しています。15年には野村総合研究所も、今後10年～20年のうちに「国内の労働人口の約49％がAIやロボットで代替可能になる」と報告書を発表しました。現段階では研究者によって判断が分かれるところではありますが、単純作業だけではなく法律や医療の分野でもAIが人の仕事に取って代わるだろうという論文もあり、AI関連の市場規模は2030年には10兆円を超えるという試算も出ています。

追い知識

囲碁は4000年前の中国やチベットに起源があるとされる。日本でも奈良時代には存在し、『源氏物語』などにも記述がある他、戦国武将たちもたしなんだ。ちなみにQRコードの模様は囲碁の盤面から着想を得たもの。

テーマ 34 テクノロジー国家

情報通信技術（ICT）世界一と言われる国はどこか

ヒント

スカイプが生まれた国なんだ

テーマ34 テクノロジー国家

電子化政策で世界をリードする「エストニア」

ＩＣＴ技術の最先端をいくのは、エストニア。ＩＣＴは「情報通信技術」と訳され、「情報技術（ＩＴ）を使って人々がつながる（Communication）」という意味でＩＴに代わって世界で使われています。

エストニアは元祖通話アプリの「スカイプ」を生んだ国であり、インターネット経由でほとんどの行政サービスが行われる電子政府が確立しています。ＩＤカード一つでさまざまな情報が管理されているので、健康保険証などを持つ必要もありません。また、世界一のサイバー防衛技術の開発国としても知られ、ＮＡＴＯのサイバー防衛協力センターもエストニアに置かれています。

その背景には政治的な理由があり、エストニアは１７２１年からロシア領で、１９９１年に独立しました。ロシアによる侵略に常に脅かされてきたエストニアは、同じくロシアに対抗するフィンランドと共同で自国のＩＣＴプラットフォームを開発したのです。これは日本でたとえるならマイナンバーシステムを他国と協力して作るようなもので、政治的な危機感が世界一の技術を生んだのでした。

追い知識

イスラエルは技術立国であり「ユニコーン企業（時価総額10億ドル以上で非上場。貴重で珍しいのでユニコーン）」の聖地として世界から毎年数千億円の投資を集めるビジネス国家となっている。

テーマ 35 EUとその起源

トルコは、EU加盟国であるか否か

トルコはEU「非加盟国」

EU（欧州連合）とは、1993年に誕生した国を超えた政治・経済の枠組みで、加盟国間では「通貨はユーロを使用」「輸出入に税がかからない」「出入国の自由」などがあります。2020年2月現在、27カ国が加盟しており、本部はベルギーのブリュッセルです。

EUの起源は、1952年に設立されたECSC（ヨーロッパ石炭鉄鋼共同体）にあるのですが、石炭鉄鋼である理由は、エネルギーと鉄の調達が先の戦争の原因であったため、これを共同体化しようということになりました。

トルコはこのEC時代から加盟申請をしていますが、加盟に至っていません。理由はさまざまですが、トルコの人口が多い（ヨーロッパではドイツに次いで第2位）ため、移民が増加すること、イスラム教徒が多いこと、歴史的な問題（オスマン帝国時代の侵攻による嫌悪感）などがあるとされています。

一方、長らく加盟について議論していたスイスは2016年の国民投票で加盟しないことを決めました。スイスフランは世界でもっとも安定した通貨の一つであること、外国人労働者の増加のリスクなどから、加盟するメリットがないという判断です。

追い知識

EU内では出入国の審査を撤廃するという取り決めがあり、これを「シェンゲン協定」という。EU未加入のスイスもこのシェンゲン協定には加盟している。

テーマ 36 世界と柔道

柔道の競技人口の世界1位はどこか

ヒント

人口2億人の国だよ

テーマ36 世界と柔道

1位は「ブラジル」、競技人口は日本の12倍超

柔道は日本の国技だと言われてきましたが、近年は海外で大きな盛り上がりを見せています。ミズノの調査によると、競技者人口世界1位はブラジル。日本の競技者人口16万人に対し、ブラジルは200万人にものぼります。これは、2億人以上にもなる人口に加え、学校教育として取り入れられていることなどがその要因です。

一方、2位はフランスで56万人ほど。今では日本をしのぐほどの柔道国家として知られていますが、その立役者となったのが川石酒造之助《かわいしみきのすけ》です。川石は1935年に日仏柔道倶楽部を立ち上げ、技を番号で分類するなどの独自メソッドを開発しました。現在、フランスでは柔道の指導者資格は国家資格となっています。

なお、一般的にいう柔道は1882年に嘉納治五郎《かのうじごろう》が創始した「講道館《こうどうかん》柔道」ですが、東京大学、京都大学を始めとした旧帝大の柔道部では「七帝《ななてい》柔道」が行われています。15人の団体戦であること、寝技が中心になることが大きな特徴で、ブラジリアン柔術や総合格闘技で使われている三角絞めや袖車絞《そでぐるまじ》めなど、絞め技や関節技の多くはこの七帝柔道（厳密にはその前身である高専柔道）から生まれています。

追い知識
ブラジリアン柔術はブラジルで生まれたものではなく、前田光世《まえだみつよ》が創始者。前田は嘉納治五郎の弟子（講道館四天王の1人）であり、彼がグレイシー一家に教え、広まった。ちなみにロシアのプーチン大統領も柔道家である。

テーマ 37 幸福の定義

国連発表の「世界幸福度ランキング」で、フィンランドとブータン王国ではどちらが上位か

ランキング上位は「フィンランド」など北欧諸国

国連は毎年156カ国を対象に「世界幸福度ランキング」を発表しています。一人あたりGDP、社会的支援（社会保障など）、健康寿命、人生選択の自由度、他者への寛容さ、汚職の有無などから算出され、トップの常連は北欧の国（17年はノルウェー、18～19年はフィンランド）です。北欧は税金が高い反面、それが社会保障や教育に反映されている（と国民が実感している）ことや、労働時間が短いこと、家庭の優先度の高さ、同性婚への理解の高さなどが要因として挙げられます。日本は2012年に44位でしたが年々順位を下げ、2019年は58位。GDPや健康寿命は高いものの、「他者への寛容さ」や「性の平等性」が低いことが要因です（これは韓国や中国も同様）。

「世界一幸福な国」として有名なブータン王国もこのランキングでは例年90位台です。しかし、そもそも国連とブータンの提唱する幸福度では評価基準が違うと言われています。ブータンは「国民総幸福量」（GNH：Gross National Happiness）という指標を1970年代に提唱し、物質的な豊かさのみではなく、精神的にどれほど充足しているかを示すもの。ブータンの国家的アイデンティティとなっています。

追い知識

「ハーバード大学成人発達研究所」はボストン育ちの貧しい男性456人とハーバード大学卒の男性268人を75年以上追跡調査した。調査の結果、幸福と健康を高めるのは「いい人間関係」だと結論づけている。

ノーベル賞には、全部でいくつの部門があるか

物理学、化学、医学生理学、文学、平和、経済学の「6部門」

ノーベル賞はスウェーデン出身の化学者、アルフレッド・ノーベルの遺産を基金にした世界的な賞。1901年に始まり、物理学、化学、医学生理学、文学、平和の5分野で「人類に最大の貢献をもたらした人々」に授与されます。68年には経済学賞がスウェーデン国立銀行主導で作られ、（ノーベル財団としては非公認であるものの）全6部門となっています。毎年10月に受賞者が発表され、受賞者には900万クローナ（約1億2千500万円）が授与されます。その選考過程は極秘で、受賞の50年後に当時の候補者が公表される仕組みになっています。

日本人で初めて受賞したのは湯川秀樹《ゆかわひでき》で、原子核の中に「中間子」があることを予見し、49年に物理学賞を受賞。その後、文学賞では68年に川端康成《かわばたやすなり》、平和賞では74年に佐藤栄作、化学賞では81年に福井謙一、医学生理学賞では87年に利根川進《とねがわすすむ》が各部門で初めて受賞しています。なお、もし日本でノーベル賞を受賞した場合、その賞金は所得税法に基づき非課税となりますが、経済学賞だけは賞金がスウェーデン国立銀行から出されるため、課税対象です。

追い知識
仏の哲学者サルトルは64年に文学賞を受賞するも辞退し、初のノーベル賞辞退者となる。また、英国の政治家チャーチルは文学賞を受賞するも、平和賞がほしかったとがっかりしたという。

テーマ 39 巨大帝国が生まれた理由

歴史上、もっとも広い領土を築いた帝国はどこか

テーマ 39 巨大帝国が生まれた理由

世界の20%以上を占有した「イギリス帝国」

歴史上、アレクサンダー大王率いるマケドニア帝国、チンギス・ハンの建国したモンゴル帝国、ヨーロッパを震撼させたオスマン帝国などさまざまな巨大帝国が生まれましたが、その中でもっとも広大な領土を築いたとされるのは18世紀のイギリス帝国です。中世のイギリスは他国に遅れをとっていましたが、大航海時代の1588年、当時無敵を誇っていたスペインに勝利（アルマダの海戦）をきっかけに領土を拡大していきます。その要因は、海賊の登用でした。当時の女王エリザベス1世は海賊に自由を与え、他国への略奪を許可。前述のアルマダの海戦で指揮をとった海賊ドレークは略奪などで当時のイギリスの国家予算の3年分にあたる60万ポンドをイギリスにもたらしたと言われています。

加えて、1600年代に入るとアジア貿易のための組織としてイギリス東インド会社の創設、さらには「専売条例」という特許の先駆けになる制度を取り入れ、新しい技術を優遇することでのちの産業革命につながったのです。その結果、アメリカ大陸、インドなど世界各地に植民地を広げ、世界の20%以上の国土を持ちました。

追い知識

イギリスの産業革命は2回で、18世紀半ばに起きたのは綿織物業を中心とした軽工業。19世紀半ばに起きた第二次産業革命で本格的な工業化が進む。日本は1872（明治5）年に富岡製糸場が作られたのが産業革命の始まりとされる。

テーマ 40 イギリスという連合国

「イギリス」を構成する4つの国、イングランド、ウェールズ、スコットランド、残りの一つはどこか

テーマ 40 イギリスという連合国

アイルランドが独立して残った「北アイルランド」

イギリスとは日本側の俗称であり、正式には「グレートブリテン及び北アイルランド連合王国（The United Kingdom of Great Britain and Northern Ireland）」と言います。人口の8割を占めるイングランドに、北海道ほどの面積のスコットランド、「アーサー王」伝説発祥の地であるウェールズに加え、北アイルランドの4つからなる連合国です。歴史的には、1536年にイングランド王国がウェールズを併合。1707年にスコットランドを併合し「グレートブリテン王国」に。1801年にアイルランドを併合し「グレートブリテン及びアイルランド連合王国」となりますが、1922年にアイルランドが独立し、北アイルランドのみ残ったことで「グレートブリテン及び北アイルランド連合王国」となったのです。このような歴史を持つため、オリンピックには「イギリス代表」として参加しますが、サッカーやラグビーのWカップでは「イングランド」「スコットランド」「ウェールズ」「北アイルランド」とそれぞれの国で参加しています。なお、2012年のロンドン五輪のサッカーでは4カ国による「イギリス代表」が結成されましたが、男女ともにイングランドの選手が主のチームとなりました。

追い知識

アングロ・サクソンとはアングル人とサクソン人というゲルマン民族の一派のこと。彼らがブリテン諸島を占領したことでイギリスが生まれた。アングルはイングリッシュの語源でもある。

世界初の株式会社とされる「東インド会社」だが、これはどの国が作った東インド会社のことか

ヒント

イギリス、オランダ、スウェーデン、デンマーク、フランスがそれぞれ東インド会社を立ち上げているよ

テーマ 41 株式会社と合同会社

世界初の株式会社は、「オランダ」東インド会社

世界で初の株式会社は1602年にできたオランダ東インド会社でした。出資者を募り、貿易船を出し、持ち帰られた香辛料や宝石などを出資者たちで分配するというもの。もとはイギリスで始まったものですが、オランダは周辺国に対抗するために有力な商人（銀行など）も巻き込んで組織化し、より現代的な仕組みを整えたのです。商売上の特権を与えられただけではなく、条約の締結など政治的な役割も果たしていました。ここで言う**東インドはインド東部のことではなくアジア地域全般のこと**を意味します（後にオランダはカリブ海周辺で貿易を行う西インド会社も設立しました）。

なお現在、日本は「新会社法」の制定で有限会社の設立が廃止され、新たな会社形態として合同会社が生まれました。株式会社では経営が株主と取締役に分かれますが、合同会社は出資者＝経営者となり、よりスピーディーに意思決定できる特徴があります。アップルジャパンやウォルマート傘下の西友が合同会社に移行していますが、親会社が海外にある場合、日本は「支社」としての役割が強いのに加え、上場して資金を集める必要性もないため、合同会社のほうが経営上都合がよいからだと考えられています。

追い知識

会社には出資者責任があり、会社が倒産した時に負債の責任をすべて負う「無限責任」と、出資した金額だけ責任を負う「有限責任」がある。個人事業は前者、株式会社や合同会社は後者である。

日本の中央銀行は、日本銀行。では、アメリカの中央銀行の名前は何か

テーマ 42 アメリカの金融政策

世界の経済に影響を与える「連邦準備制度（FRS）」

日本銀行のように、国や地域の中核となる金融機関を「中央銀行」といい、その役割は大きく3つあります。通貨の価値を安定させる「金融政策」、一般の銀行にお金を貸す「銀行の銀行」、政府の資金を管理する「政府の銀行」です。

アメリカでは**「連邦準備制度（FRS）」という機関が中央銀行にあたり、「連邦準備制度理事会（FRB）」の7人の理事が全米12カ所にある連邦準備銀行を管理**しています。「FRB議長には大統領に次ぐ権威がある」と言われるほどその影響力は強いもので、アメリカでの金融政策は12人（FRBの理事7人含む）で構成される「連邦公開市場委員会（FOMC）」によって行われます。

これまで、アメリカの金融政策はすべて金利の上げ下げのみが行われてきましたが、08年のリーマン・ショック後のデフレ対策として初めて行われたのが量的金融緩和です。市場での現金量を増やすという政策で、アメリカ史上初。現在は終了し、再び金利の管理による金融政策を行っているのですが、量的金融緩和後に金利を管理するのは初となり、その効果が注目されています。

追い知識

リーマン・ショックでリーマン・ブラザーズが抱えた負債は日本の税収を超える64兆円。アメリカの住宅バブルを背景に、金融会社らが複雑な金融商品を開発・利用したことで起きたものである。

平成元年、世界の時価総額ランキングで1位となった会社はどこか

平成元年
世界時価総額ランキング

順位	企業名	時価総額（億ドル）	国名
1		1,638.6	日本
2	日本興業銀行	715.9	日本
3	住友銀行	695.9	日本
4	富士銀行	670.9	日本
5	第一勧業銀行	660.9	日本
6	IBM	646.5	米国
7	三菱銀行	592.7	日本
8	エクソン	549.2	米国
9	東京電力	544.6	日本
10	ロイヤル・ダッチ・シェル	543.6	英国

出典：「THE BUSINESS WEEK GLOBAL 1000」

ヒント

日本人なら誰でも知ってるあの会社だよ

テーマ 43 日本のバブルとその崩壊

「NTT」が時価総額1位だったバブル時代

89年7月発表の世界の時価総額ランキングを見ると、1位NTT、2位日本興業銀行、3位住友銀行……と、本当にトップを独占していました。何があったのでしょうか?

85年9月、不況に苦しむアメリカは仏・英・西ドイツ・日本に対し、ドルを安くし、アメリカの輸出を増やして経済を活性化しようと提案します。ニューヨークのプラザホテルで行われたこの「プラザ合意」後、1ドル240円台から87年には1ドル150円の円高になり、日本の輸出業は大打撃。そこで政府は金融緩和で金利を5%から2・5%に引き下げ、銀行での借り入れをしやすくし、国内の金回りをよくしようとします。

この結果、企業や投資家は借り入れたお金で不動産や株を購入。特に不動産は「狭い日本の土地価格は下がらない」という土地神話のもと、次々と買われては値上がりし続けました。そして、買った土地を担保にお金を借り入れ、そのお金でまた土地を買うという連鎖が生まれ、**一時は日本全体の地価がアメリカの4倍になったと言われます。**

この行きすぎた土地価格の上昇をおさえるために政府は90年に「総量規制」で不動産購入のお金の貸し出しに制限をかけます。地価と株価は下がり、バブルは崩壊しました。

追い知識

2000年に入ってからの時価総額ランキングを日米で比較すると、日本はここ20年でほとんど顔ぶれが変わらないのに対し、アメリカでは大きな入れ替わりが起きていることがわかる。

テーマ 44 メジャーな株価指数

「日経平均株価」とは、何を平均した株価か

ヒント

東証一部上場企業の株価のぜんぶの平均、ではないよ

「日経新聞が選んだ225銘柄」の平均

日経平均株価とは、「日本経済新聞社が独自に選んだ、日本を代表する東証一部上場企業の平均株価」のこと。銘柄は225社で、「日経225」とも呼ばれています。銘柄は毎年10月に入れ替わりがあり、9月に発表（ただし、225社の中で上場廃止の企業が出てきた場合には、すぐに別の銘柄が選ばれる）。近年、特に影響が大きいのはファーストリテイリング、KDDI、ファナック、ソフトバンク、京セラの5社とされています。

もともと日経平均はアメリカの「ダウ平均株価」の算出方法から生まれたもので、「ダウ工業株30種平均」「ダウ輸送株20種平均」「ダウ公共株15種平均」、すべてを合わせた「ダウ総合65種平均」と種類があり、よく聞く「ニューヨーク・ダウ」「ニューヨーク平均株価」とは、ダウ工業株30種平均のことを言います。

一方、日経平均に並んでメジャーな株価指数が「東証株価指数（TOPIX）」。こちらは東京証券取引所が発表しているもので、**東証第一部に上場している企業の時価総額の合計を、1968年1月4日を基準（100）にして算出したもの。**銀行やITなど時価総額の大きい業界の影響を受けやすいと言われています。

追い知識
TOPIXの基準が1968年なのは日本がGNP（国民総生産）でドイツを抜き、アメリカに次ぐ世界2位の経済大国になった年だから。現在、2010年に中国に抜かれてGDPは世界3位である。

東京証券取引所の設立にもかかわり、「日本資本主義の父」と呼ばれる渋沢栄一の著書といえば何か

著書『論語と算盤』とその生涯

生涯で500もの企業の設立にかかわり、「日本資本主義の父」と呼ばれる渋沢栄一。その著書『論語と算盤《そろばん》』では、道徳と合理性どちらかに偏っていては、ビジネスはできない（偏っている人が多い）というメッセージを伝えています。

1840年に現在の埼玉県の農家に生まれ、24歳で徳川慶喜《とくがわよしのぶ》のもとで欧米の最新知識や株式会社の仕組みなどを学びます。倒幕後は静岡に金融商社を設立しますが、大隈重信《おおくましげのぶ》らに招かれ明治政府へ。1873年に大蔵省を辞めると第一国立銀行の総監役（後に頭取）となります。この第一国立銀行を軸に株式会社の創設・育成に力を入れていったのです。JR、KDDI、王子製紙、商船三井、アサヒビール、東京ガス、帝国ホテル、東京証券取引所、理化学研究所など日本を代表する組織の設立にかかわり、慈善事業にも積極的でした。経営学者ピーター・ドラッカーは渋沢を絶賛し、研究をしています。

なお、渋沢は新1万円札の顔となりますが、実は現在の1万円札の顔である福沢諭吉も渋沢を慕っていた一人。彼らは将棋を楽しむような間柄だったと言われ、その子孫は親戚にもなっています。

追い知識

渋沢栄一には多数の妾《めかけ》がいたことも有名。ただし当時の日本では珍しいことではなく、歴史的に日本には側室制度が公にあり、婚外子にも相続権があった。一方で一夫一妻制のキリスト教国家では婚外子に相続権はなかった。

テーマ 46 上場と非上場

ロッテと森永製菓、非上場企業はどちらか

テーマ46 上場と非上場

非上場は「ロッテ」。非上場をあえて選ぶ理由

非上場企業はロッテホールディングス、森永製菓は東証一部上場企業です。上場とは証券取引所で株式を公開することですが、上場する理由は株式をオープンにすることで投資家（企業・個人）から資金を調達することができるから、また厳しい上場審査をクリアできるとそれだけで信用度が高まって事業が展開しやすくなるから、さらには知名度が高まって優秀な人材が確保できるから……などのメリットがあります。

一方で、上場には審査手数料、引受手数料、監査報酬などの費用が必要で、上場後も年間上場料や監査報酬、株主総会の費用、さらに上場を維持するための事務的負担なども増えます。また、経営方針が株主の意向に左右されることや敵対買収されるケースもあるので、「あえて非上場」という企業も多数あります。たとえば、サントリー、月桂冠、エースコック、竹中工務店、森ビル、ＹＫＫ、ＪＴＢ、海外ではイケア、ロレックス、レゴなどが非上場企業となっています。

また、上場していた企業が上場をやめる（上場廃止）を行うこともあり、たとえばエスエス製薬、西武鉄道、福助などは上場を廃止しています（いずれも20年2月時点）。

追い知識

上場することを英語では「Listing（リスティング）」と言い、非上場企業は「unlisted company」と言う。ちなみにIPOはInitial Public Offeringで新規株式公募のこと。

テーマ 47 知られざるハイテク企業

山梨県忍野村に本社を構える日本の大企業といえばどこか

山梨の海抜1千m地点に本社がある「ファナック」

ファナックは世界四大産業用ロボットメーカーの一つに数えられる会社で、日本の株式市場の中でもっとも時価総額が高い企業が選ばれる「TOPIX Core30」にも選出されています。超ハイテク企業でありながら、本社と主要な工場は富士山のふもと、山梨県忍野村《おしのむら》にあります。

この忍野村、全国の市区町村の平均所得ランキングでトップ10に入るほどなのですが、その要因もファナック。ファナックの平均年収は42・2歳で1千318万円と、キーエンスや総合商社などと並んで高収入企業として有名です（『就職四季報総合版2019』調べ）。そして忍野村は人口8千635人、労働人口は4千804人（15年・国税調査）で、このうちファナックの従業員が約3千人いるとされるので、労働人口の60％ほどがファナックの従業員という計算になります。

なお、もともとファナックは富士通の子会社としてスタートしたのですが、東京の日野市から忍野村へ移転する際も、自然保護を重視して木は1本も切らず、周辺の木はすべて移植したと言います。ちなみに、社員の3分の1が研究職です。

追い知識

世界四大産業用ロボットメーカーは、ファナック、ABB（スイス）、KUKA（ドイツ）と安川電機（福岡）。キーエンスは74年に滝崎武光が創業した精密機器の製造・販売メーカー。TOPIX Core30に入る一社で、本社は大阪にある。

テーマ 48 京都の企業文化

オムロンと小林製薬、本社が京都にあるのはどちらか

テーマ 48 京都の企業文化

京都にあるのはオムロン、小林製薬は大阪

日本の上場企業のうち、約半数が東京に本社を置いていますが、任天堂やオムロンをはじめ、島津製作所、村田機械、日本電産などは京都に本社があり、文化庁も京都への移転を決めています。京都は独自色を持った会社が多く、歴史的に土地が狭く、財閥の影響も少なかったために自由に新しい分野にチャンレンジできる企業が育ってきたと言われています。たとえばもともと任天堂は花札、島津製作所は仏具の会社でした。加えて、京都は大きくなることよりも長く続くことに重きが置かれているとされ、実際京都には100年以上続く老舗企業が2千社近くあります。料亭で開かれる経営者の会合では、上座に座るのは企業の規模ではなく、企業の歴史の長さと年齢で決まると言われるほど。そのため経営者たちのネットワークが強く、ベテランの経営のノウハウが次世代に共有されやすい文化があるのです。

なお、小林製薬や積水ハウスは大阪、キッコーマンは千葉、ヤマダ電機は群馬、日東紡績は福島、亀田製菓は新潟、ファーストリテイリングは山口……など、東京以外に本社を置く有名企業も多々あります。

追い知識

本社とは事業を行う上で拠点となる事務所のことを言い、実は複数の事務所を本社としても問題ない。ただし、会社の登記簿には「本店」を届ける必要があり、本店は必ず一つだけである。

テーマ 49 日本最北端の村

全国の市区町村の平均所得ランキングで東京の港区や千代田区と並んでトップクラスの北海道・猿払村《さるふつむら》。その産業とは何か

ヒント

何かの海産物だろうね

「ホタテの養殖」で大逆転、猿払村の奇跡

猿払村は北海道宗谷地方北部に位置する日本最北端の村。人口約2千７００人という小さな村ながら、平均所得ランキングでは東京都港区、千代田区、渋谷区に並んで毎年３〜4位に入っています。

その要因は、ホタテの養殖です。もともと猿払村は、漁獲量約１・４万トンを誇る豊かなホタテ貝の資源に恵まれていたのですが、乱獲がたたって１９５４年にはわずか１千トン台に激減。もう一つの産業の柱だった炭鉱の閉鎖も相次ぎ、その結果、「貧乏見たけりゃ猿払へ行きな」と言われるほどの日本一の貧乏村に転落してしまいました。

しかし71年、猿払村と漁業組合は賭けに出ます。５千万円以上をかけて１千万粒のホタテ稚貝を購入、海に放流しました。この時、放流した稚貝が動かずに猿払の浜から漁獲できるかわかりませんでした。いったい、どうなるのか……。

結果は、大成功。その10年後には**かつての最盛期をはるかに上回る4万トンの水揚げ**が得られるようになり、日本一のホタテ王国が復活したのでした。現在、猿払村役場は「宮殿」と称されるほど立派な外観となっています。

追い知識

猿払はアイヌ語の「サロプト（葦の川口の意）」から転化したもの。他に厚岸《あっけし》（牡蠣のいるところ）、長万部《おしゃまんべ》（カレイのいるところ）など北海道の地名の８割がアイヌ語由来だという。

次のキャッチコピーは、どの企業のものか

「START YOUR IMPOSSIBLE」

テーマ50 企業の方向性

「トヨタ」のキャッチコピー

キャッチコピーは企業の目指すものをひと言であらわした言葉で、スローガンとも呼ばれます。トヨタの他に一例を挙げると、「Think Different」（Apple）／「Inspire the Next.」（日立）／「ひとのときを、想う。」（JT）／「うまい、やすい、はやい」（吉野家）／「It's a SONY」（ソニー）／「NO MUSIC, NO LIFE.」（タワーレコード）など。

経営学者のドラッカーはこのキャッチコピーの他に、ミッション、ビジョン、バリューという概念を考案しており、「ミッション」は組織が果たすべき使命・役割、「ビジョン」は組織が目指す状態、あるべき姿、「バリュー」は組織が共有する価値基準、行動基準と定義しています。

なお、82年にジョンソン＆ジョンソン（厳密にはその子会社）が発売していた解熱鎮痛剤「タイレノール」に毒が混入され、7人が死亡する事件が起きます。同社は即座に「タイレノールを服用しないように」と呼びかけ、費用1億ドルに及ぶ回収作業を行います。この姿勢が評価され事件6ヶ月後には売上が90％回復しました。役員・社員が「消費者の命を守る」という理念を徹底していたためにできた対応だと言われています。

追い知識
当時、ジョンソン＆ジョンソンの対応は死亡の原因もはっきりしていない段階で行われたものだった。この事例はリスク対応の成功事例としてよく取り上げられる。

テーマ 51 エコカーの歴史

ガソリンや電気ではなく、水素をエネルギー源とする車のことを何と呼ぶか

ヒント

どれかなぁ

・EV　・FCV

・PHV　・HV

水素で走る自動車「FCV（燃料電池自動車）」

水素を燃料に走る自動車はFCV。「燃料電池自動車（Fuel Cell Vehicle）」の略で、走行時に排出するのは水蒸気だけ（CO_2排出量ゼロ）のエコカーです。2020年2月現在、販売車種はトヨタのミライ（MIRAI）のみで、高額な水素ステーションの設置費用（1基4〜5億円）や、生産に時間がかかることもあり販売台数は限定的です。

環境問題に配慮して自動車業界ではエコカーが開発されてきましたが、**世界で初めて開発されたエコカーがトヨタの「プリウス」。**プリウスはガソリンと電動モーターで走るハイブリッドカー（HV）でした。その後、トヨタから電源から直接充電できるプラグインハイブリッドカー（PHV／PHEV）が登場します。

一方、日産と三菱自動車はガソリンを一切使わない電気自動車（EV）の開発に注力、「リーフ（日産）」「i-MiEV（三菱自動車）」などが発売されました。

2018年の世界の自動車販売台数ランキングを見ると、1位がドイツのフォルクスワーゲン（約1千83万台）、2位がルノー・日産・三菱の連合（約1千75万台）、3位にトヨタ（約1千59万台）。以下にGM、ヒュンダイと続いています。

追い知識
米国のEVメーカーテスラの販売台数は世界20位だが、2020年1月に時価総額ではトヨタに次ぐ業界2位となり、株主たちの期待は高い。ちなみにCEOイーロン・マスクのSNSの発言で株価が下落する事件が何度か起きている。

テーマ 52 超電導リニア

2027年の開業を目指している中央新幹線。開業時は品川からどこまでを結ぶ予定か

テーマ 52 超電導リニア

品川から「名古屋」までを結ぶ中央リニア

中央新幹線とは、2027年に開業予定の「超電導リニア」を利用した次世代の電車。最高時速505キロで走行し、東京から大阪までをわずか67分で結ぶ（予定）。東海道線以外の流通経路を確保することなどを目的に1980年代から計画が進められており、近年ようやく実用化が進みました。2019年現在の開業計画では、東京（品川駅）、神奈川（橋本駅）、山梨、長野、岐阜、愛知（名古屋）と各県1駅ずつ全6駅をつなげる予定になっています。

超電導リニアは、**強力な磁力で車両を浮かせ、爆発的な推進力を生む「反発磁気浮上方式」**という仕組みで動きます。車両に組み込まれているニオブチタン合金という金属が「マイナス269℃以下になると永久に電気が流れ続ける（＝超電導）」という性質を持っており、これを利用し外部から電圧を加えずに大きな磁力を発生させるのです。

この新技術を使った中央新幹線の総事業費は9兆円ともされ、名古屋までのルートで5・5兆円。資金調達などが課題となっています。なお、名古屋～大阪までの開業は経営体力を回復後の2037年を目指しているということです。

追い知識

大林組は、アニメ作品などで見られる地上から宇宙へ向かって伸びる「宇宙エレベーター」の建設を計画している。その距離は約10万キロで、完成予定は2050年とのこと。

テーマ 53 エジソン

発明家エジソンが立ち上げたアメリカの大手企業といえば何か

テーマ 53 エジソン

「GE」。かってはエジソン・ゼネラル・エレクトリック

トーマス・エジソンは、1847年にオハイオ州で生まれ、生涯1千300の発明を行い、数々の特許を取得します。「蓄音機」「白熱電球」「映画」などを発明・商品化し、特に電気分野ではJPモルガンの出資でエジソン・ゼネラル・エレクトリック（現ゼネラル・エレクトリック）を立ち上げました。JPモルガンとメロン財閥とともにアメリカの電気事業を独占するまでになりましたが、のちに送電システムの争いで負け、エジソンは社長解任。社名から「エジソン」が外れることになります。

エジソンが電気系の発明をするようになったのは、駅で売り子の仕事をしていた頃、汽車にひかれそうだった子どもを救出した時。助けたのが駅長の子どもだったため、当時最先端の電信技術を学べるようになったと言います。初めて特許を取得した発明品は「電気投票記録機」（議会で賛成・反対の意見を瞬時に集計できる機械）。ただし、地元議会の少数派閥の反対を受けて採用されなかったそうです。

なお、エジソンは「訴訟王」とも呼ばれ、他社への妨害工作や特許をめぐる訴訟を多数起こしたことでも知られています。広告戦略にも長けているビジネスマンでした。

追い知識

エジソンと送電システムをめぐり戦い、勝利したのはニコラ・テスラ。元はエジソンの会社の研究者であり、交流の送電システムを開発。自動車メーカー「テスラ」の由来となっている。

20世紀初頭、ジャージ素材のスーツを開発して有名になったファッションブランドの創業者といえば誰か

テーマ 54 産業としてのファッションブランド

女性の進出の象徴「ココ・シャネル」

ココ・シャネルが活躍したのは、第一次世界大戦で男性が不足し、結果的に女性の社会進出が進んだ時代です。女性が動きやすいようにと、1915年にジャージ素材のスーツを発表して脚光を浴びたのち、香水「No.5」などで大ブレイクしました。

シャネルの存在でファッションブランド＝女性が創業のイメージが強いですが、プラダ、ルイ・ヴィトン、エルメス、グッチなどその多くは男性によって立ち上げられたブランドです。シャネルの存在は戦後のアメリカで特に支持され、今に至ります。

なお近年、高級ブランドは三大メジャーと呼ばれる**LVMH、リシュモン、ケリングの3社にその多くが買収されています。**経営とブランディング戦略のうまい会社の傘下となることで、それぞれのブランドを継続していくという戦略です。

「LVMH」はルイ・ヴィトン、タグ・ホイヤー、ブルガリ、ドン・ペリニヨンなど。「リシュモン」はラルフ・ローレン、カルティエ、クロエ、モンブランなど。「ケリング」はグッチ、イヴ・サンローランなどの親会社です。2020年2月時点でシャネル、エルメス、プラダは独立した組織であり、この3社の傘下ではありません。

追い知識

もともと香水は自然由来のものが原料で生産数が少なく、非常に高価だった。そこでシャネルは化学合成による香水No.5を開発し、どんな女性でも香水をつけられるという文化を作った。

世界のフランチャイズビジネスの元祖といえば、どの企業か

テーマ 55 フランチャイズの始まり

65歳で花開いた「ケンタッキー」のフランチャイズ契約

フランチャイズとは、傘下の加盟店を作り、店の名前やノウハウを提供、その代わりに本部が売上の一部を受け取るというビジネスモデル。日本ではコンビニでおなじみの形態ですが、その元祖はケンタッキーだと言われています。

ケンタッキーの創業は、1930年。カーネル・サンダースは40歳でした。カーネルは約40もの職を経たあと、自宅の物置を改造したカフェを開業。秘伝のフライドチキンは人気となり、その後レストランを開きますが、立地の悪さなどで閉店を余儀なくされます。しかし、レシピに絶対の自信があったカーネルは、65歳の時にこのレシピを各地に教えてまわり、その代わり、1羽売れるごとに5セントを受け取るというビジネスモデルを開発。アメリカ中を営業し、73歳の時には600店舗の加盟店を作りました。

このレシピは創業以来変わることなく、その内容はトップシークレットとして扱われ、カーネルの残した手書きレシピは装甲車で運ばれる、アメリカの本部でも数人しか知らない、など数々の伝説が残っています。16年にカーネルの甥《おい》が持っていたというレシピがアメリカの「シカゴ・トリビューン」紙で公開され、話題になりました。

追い知識

見つかったレシピのスパイスは塩、白胡椒、黒胡椒、バジル、オレガノ、タイム、パプリカ、ガーリック塩、セロリ塩、生姜パウダー、ドライマスタードの11種。再現性は高いらしい。

テーマ 56 ファストフードの王様

マクドナルドコーポレーションの創業者といえば誰か

テーマ56 ファストフードの王様

アメリカにおける成功者の象徴「レイ・クロック」

マクドナルドは、1937年、兄のモーリスと弟のリチャード（マクドナルド兄弟）によって開業されました。当初はホットドッグ店で、この店は一度畳まれるも、48年にドライブイン式のハンバーガー店として大繁盛しました。これを見つけたのがビジネスマンのレイ・クロックでした。シンプルかつ効率的なオペレーションに感動し、フランチャイズ化を粘り強く交渉します。結果、兄弟はレイに経営権を売却、60年にマクドナルドコーポレーションが誕生します。その後、兄弟とレイは訴訟沙汰になってしまうのですが、マクドナルドは世界一のフランチャイズとして大成功します。この創業の様子をつづったという映画「ファウンダー　ハンバーガー帝国のヒミツ」では、アメリカで長年成功者の象徴として語られてきたレイ・クロックの、ビジネスマンとして手段を選ばないシビアな面が大きく描かれ話題を呼びました。

なお近年、アメリカで「マック・キラー」と言われているハンバーガーチェーンが「シェイク・シャック」。日本にも進出しているチェーンで、NYの人気レストランの経営者が仕掛けたお店です。

追い知識　カーネル・サンダースは遅咲きだったが、レイ・クロックがマクドナルドに携わったのも52歳の時。それまではミュージシャンやミキサーのセールスなどをしていた。レイには孫正義や柳井正も影響を受けたと言われている。

マクドナルドをアメリカから日本に持ち込んだ起業家といえば誰か

テーマ57 そして世界へ

日本マクドナルドを創業した「藤田田」

マクドナルドが日本にできたのは１９７１年。藤田田《ふじたでん》が米マクドナルドとフランチャイズ契約を結び、東京の銀座三越に一号店ができました。大卒の初任給4万円の時代にハンバーガー1個80円という高めの値段設定でしたが、大行列。その後バブル期にかけて商品価格が上がっていきますが、90年代半ばから「価格破壊戦略」を実施。２０００年には平日半額（1個65円）キャンペーンを実施して大成功し、01年にジャスダックに上場します。「デフレ時代の勝ち組」として一時代を築きました。

英語の発音は「マクダァーナルズ」ですが、藤田が日本語のリズムに合うように「マクドナルド」にしたと言います。なお、藤田は89年にトイザらスの日本法人、91年にレンタルビデオチェーンのブロックバスターを日本で創業しています。

ちなみにイギリスの経済専門誌『エコノミスト』は「ビッグマック指数」という経済指標を毎年発表しており、各国のビッグマックの販売価格を比較して経済動向を分析しています（ビッグマックは原材料が世界共通なので、原価、人件費、物価などが分析できるという理屈）。ちなみに20年の1位はスイスで、７００円超えとなっています。

追い知識

20年の日本のビッグマック指数は26位で先進国の中では低い。アジアの中では韓国やタイより安く、中国、香港、台湾より高い位置。地価や光熱費の高い日本で低価格供給できるのは人件費が安いからだという指摘がある。

テーマ 58 和製英語

「ノートパソコン」を英語で言うと何か

テーマ 58 和製英語

ノートパソコンは、「ラップトップ」

ノートパソコンは、英語では「Laptop（ラップトップ）」。ノートパソコンは和製英語なので、海外では通じない可能性が高いでしょう。このような和製英語は非常に多いのですが、これは企業などが**「わかりやすさ」や「キャッチーさ」（＝浸透しやすさ）を重視して名前をつけることが多いから**です。一例を見ていくと、「サラリーマン→company employee／office worker」「アルバイト→part time job」「ホッチキス→stapler」「マンション→apartment（mansionは屋敷クラスの豪邸を指す。ちなみに分譲マンションは「condo（condominium）」」「フライドポテト→french fries」「シュークリーム→cream puff」「コンセント→outlet」「レッテル→label（レッテルはフランス語）」「アフターサービス→aftersales service」「アンケート→questionnaire」「ガソリンスタンド→gas station（アメリカ）／petrol station（イギリス）」「ベッドタウン→satellite town」「コストパフォーマンスがいい→reasonable/good value for money」……というように、身近なカタカナ英語は実は和製英語である可能性も高く、英語として使う時には注意が必要です。

追い知識

タバコはポルトガル語の「tabaco」、瓦はサンスクリット語の「kapala」、簿記は英語の「bookkeeping」、金平糖はポルトガル語の「confeito」に由来した外来語である。

テーマ 59 映画業界の仕組み

「タイタニック」と「アバター」、世界での興行収入が高いのはどちらか

2000年代までの最大ヒット作「アバター」

「アバター」と「タイタニック」はいずれもジェームズ・キャメロン監督の作品。興行収入が高いのは「アバター」（約3千億円）で、19年公開の「アベンジャーズ／エンドゲーム」に抜かれるまで興行収入歴代1位を記録していました。「タイタニック」は「アバター」に次ぐ3位の興行収入となっています。

一方、日本の興行収入1位は「千と千尋の神隠し」で308億円。2位「タイタニック」、3位「アナと雪の女王」、4位「君の名は。」と続きます。この興行収入は50％が劇場に渡り、残りの50％を配給会社・制作会社・出資者などで分配していきます。

邦画の制作費は数千万円～数億円、興行収入10億円がヒットの目安とされていますが、ハリウッド映画の制作費は100億円越えもざら。中でも「パイレーツ・オブ・カリビアン／ワールド・エンド」の制作費は340億円超えと、旅客機ボーイング787の公式価格（約250億円）よりも高額。市場規模の違いがよくわかります。

なお、近年は大手動画配信サイトのネットフリックスもオリジナル映画・ドラマの制作をしており、2018年の制作予算は驚異の9千億円でした。

追い知識
ジェームズ・キャメロンは映画の主人公さながらの探検家であり、1人乗りの潜水艇で世界最深（1万911m）のマリアナ海溝に潜った（史上2人目）。身長188cmで考古学にも詳しい。

テーマ 60 ピクサーの成り立ち

「トイ・ストーリー」などの代表作を持つピクサー・アニメーション・スタジオ。もともとの設立者である有名映画監督とは誰か

ヒント

スピルバーグでもジェームズ・キャメロンでもないよ

テーマ60 ピクサーの成り立ち

「ジョージ・ルーカス」のCG部門がピクサーに

ピクサー・アニメーション・スタジオは、1979年にジョージ・ルーカスが設立したルーカスフィルムの、コンピュータアニメーション部門として始まりました。この部門が86年に（当時アップル社の代表を解任されていた）スティーブ・ジョブズらに買収されてピクサーとなります。政府機関や医療機関などにCG専用コンピュータを販売する事業からアニメ部門にシフトし、95年にディズニーとの共同製作で「トイ・ストーリー」を公開。これを皮切りに「モンスターズ・インク」「ファインディング・ニモ」「カーズ」などのヒット作を連発し、世界的なアニメ制作会社となります。06年5月からディズニーの完全子会社となり、ピクサーの母体であるルーカスフィルムも2012年からディズニーの傘下に入っています。

なお、ジョージ・ルーカスは「THX 1138」でデビューし、71年にルーカスフィルムを設立。以後、「スター・ウォーズ」シリーズの監督・脚本や「インディ・ジョーンズ」シリーズなどの製作総指揮を手がけます。会社の売却額は4千億円以上で、そのほとんどがルーカスのもとに入りましたが、本人の生活はいたって質素だと言います。

追い知識

83年にレーガン米大統領は人工衛星にレーザーなどを搭載した防衛システムを構想。映画「スター・ウォーズ」がヒットしていたことから「スター・ウォーズ計画」と名づけられた。

「アベンジャーズ」シリーズや「X-MEN」を生み出したのはマーベルコミックス。では、「スーパーマン」や「バットマン」を生み出したレーベルは何か

アメコミ雑誌の文化を作った「DCコミックス」

「バットマン」を生み出したのはアメリカの「DCコミックス」。マーベルコミックスと並び、アメリカの2大メジャー漫画出版社です。前身であるナショナル・アライド社が新聞などに掲載された漫画を再録するのではなく、描き下ろしで連載するという漫画雑誌の元祖を生み出しました。1935年に発刊された「New Comics」という雑誌の判型は今もアメコミ（アメリカの漫画作品）雑誌の標準サイズとなっています。

一方、マーベルコミックスは「スパイダーマン」「X-MEN」「アベンジャーズ」シリーズなどに登場する数々のキャラクターを生み出しますが、1980年代後半から経営が悪化、一時はマイケル・ジャクソンが買収に乗り出したこともありました。97年に倒産し、09年にウォルト・ディズニー社が買収。その結果生み出された映画「アベンジャーズ／エンドゲーム」は世界の興行収入歴代1位を記録しています。

なお、アメコミ作品では権利を出版社が持っており、一つの作品を複数の作家で描いていくのが一般的です。日本の漫画雑誌と違い、複数の連載作品が1冊の雑誌に載ることはなく、1作品のみ。価格は1冊1ドルから2ドル程度になっています。

追い知識

アメリカの漫画市場は約1193億円で、日本の4454億円と比較して25%程度である。なお、ディズニー社は「アバター」などの版権を持つ21世紀フォックスも買収している。

アカデミー賞の受賞者に贈られる賞金はいくらか

テーマ62 アカデミー賞の仕組み

「0円」。受賞者に贈られるのは金の像のみ

アカデミー賞は「アメリカ映画芸術科学アカデミー」による映画賞で、1929年に始まったもの。受賞者にはオスカーと呼ばれる金色の像が授与され、賞金はありません。

選考対象になるのは「40分以上の作品であること」「劇場公開以前にテレビ放送、ネット配信、ビデオ発売などで公開されていないこと」「英語の字幕があること」などですが、アカデミー賞公認の映画祭の受賞作品は自動的にノミネート候補となります。日本では広島国際アニメーションフェスティバルとショートショート フィルムフェスティバル&アジアが該当します。投票は6千人以上いる会員によって行われ、その大半は俳優や監督などの映画関係者です。

なお、1948年から設立された外国語映画賞では黒澤明監督の「羅生門」、近年では滝《たき》田洋二郎《たようじろう》監督の「おくりびと」が受賞し、01年に設立された長編アニメ映画賞では宮崎駿《みやざきはやお》監督の「千と千尋の神隠し」が02年に受賞しています。また、2018年には辻一弘《つじかずひろ》が日本人で初めてメイクアップ&ヘアスタイリング賞（ウィンストン・チャーチル／ヒトラーから世界を救った男）を受賞しています。

追い知識　科学技術賞という部門もあり、2011年は富士フィルムの映画用デジタルセパレーション用黒白レーコーディングフィルム、2015年はソニーの業務用有機ELマスターモニターが受賞している。

テーマ 63 政治リーダーの報酬額

米国大統領の年間報酬と上野動物園のパンダの年間レンタル料、高いのはどちらか

「パンダは1年で1億円」、米大統領の報酬は4千万円

上野のパンダの年間レンタル料は95万ドル（約１億円）、アメリカ大統領の年間報酬は40万ドル（約４千万円）で、パンダのレンタル料に軍配が上がります。

先進国のリーダーの年間報酬は日本円にして２千万円程度が相場で、日本は月額２０５万円に震災復興のための30％返納などが入って年額２千８００万円ほどです。

アメリカはジョージ・ブッシュが就任した01年に20万ドルから40万ドルに増額しましたが、トランプ大統領は選挙中から報酬は不要とし、当選後「法律があるので１ドルだけ受け取るが、それ以外は全額寄付する」と明言し、公約どおり17年にそれまでの給与全額を国立公園に寄付しています。なお、オーストラリアやスイスの首相は報酬が５千万円超えで高額として知られるのですが、世界でもっとも高額と言われるのがシンガポールの首相で、その額約１億７千万円。見直しを求める声も上がっています。

ちなみに一般的にパンダのレンタル料と呼ばれているのは、正確には中国野生動物保護協会への保護活動費として支払っているもので、レンタル料とは異なります。パンダは日本だけでなくアメリカやヨーロッパの動物園でも飼育されています。

追い知識

パンダは非常に繁殖が難しい。理由は発情期が年に数日しかないのに加え、相手をよく選ぶため。そんな中、和歌山アドベンチャーワールドの永《えい》明《めい》は繁殖がうまく、15頭の子供の父親である。

「アベノミクス」とは、アメリカで行われた経済政策になぞらえて名づけられたものであるが、それは何か

テーマ 64 日本の政策

レーガン大統領による「レーガノミクス」

「アベノミクス」とは、2012年12月に発足した第2次安倍政権で提唱された経済、財政、金融のミックス政策のこと。米大統領のレーガンが80年代にとった経済政策「レーガノミクス」にちなんだもので、物価上昇2%を目標とした金融緩和、予算10兆円の財政出動、規制緩和によって民間企業の雇用を増やす成長戦略の3つが3本の矢として掲げられました。15年には新・3本の矢として「希望を生み出す強い経済」「夢を紡ぐ子育て支援」「安心につながる社会保障」を発表しています。その効果については賛否が分かれるところですが、関連して日本の代表的な政策を見てみましょう。

所得倍増計画：60年に就任した池田勇人《いけだはやと》の政策。10年で国民総生産（GNP）を倍増させ、国民の生活水準を西欧先進国レベルまで引き上げるというもの

日本列島改造論：72年、田中角栄が発表。新幹線や高速道路などの交通網を整え地方を発展させることで、人、金、物の流れを地方に分散させる目的があった

聖域なき構造改革：01年、小泉純一郎による道路関係四公団・石油公団・住宅金融公庫・交通営団、郵政三事業など特殊法人の民営化が行われた

追い知識

アベノミクスはデフレ脱却を目指しているものだが、レーガノミクスはスタグフレーション（不景気下でインフレが起きる現象）脱却を目指すもので目的は異なる。プラザ合意はレーガン政権下（85年）に結ばれたもの。

1974年にノーベル平和賞を受賞した総理大臣とは誰か

テーマ 65 日本の首相

非核三原則を提唱した「佐藤栄作」

正解は、佐藤栄作。1964年から72年まで第61・62・63代内閣総理大臣（首相）を務めました。「核兵器をもたず、つくらず、もちこませず」の非核三原則を提唱し、65年に日韓国交正常化、72年に沖縄返還を達成。74年に日本人初となるノーベル平和賞を受賞します。岸信介《きしのぶすけ》元首相（安倍晋三の祖父）の弟で、唯一総理大臣を兄弟で経験しました。さらに、佐藤家は吉田茂元首相とも親戚関係にあり、吉田茂の孫は麻生太郎元首相……と、歴代首相を輩出している日本屈指の華麗なる一族です。

総理大臣は過去40年で23人が交代している一方、同じ期間アメリカの大統領とイギリスの首相はわずか7人と、日本は先進国の中では非常に政権交代が多い国です（ちなみに戦後の総理在任期間は安倍晋三が1位、佐藤栄作が2位となっています）。

なお、総理大臣には皇室を告訴する権利が認められていて、刑法232条2項には「告訴をすることができる者が天皇、皇后、太皇太后、皇太后又は皇嗣《こうし》であるときは内閣総理大臣が、外国の君主又は大統領であるときはその国の代表者がそれぞれ代わって告訴を行う」と定められています。

追い知識

日本では政治家が自身の血縁関係にある人を後継者に指名し「世襲」させることも多いが、アメリカでもケネディやブッシュの一族が政治家を輩出していることで知られる。

テーマ 66 元号の歴史

日本の歴史上、もっとも長く続いた元号は何か

ヒント

きっとよく知ってる元号だよね

テーマ 66 元号の歴史

もっとも続いたのは、「昭和」

元号が最初に生まれたのは、飛鳥時代。大化の改新後の645年から初の元号「大化」が使われるようになりました。以後、令和を含め全248の元号が生まれ、もっとも長く続いたのは「昭和」（約62年間）でした。

というのも、現行では一人の天皇につき一つの元号という「一世一元」のルールが採られていますが、定められたのは明治元年からで、それ以前は天災やイベント（新しい政権の誕生、戦争勃発）などのタイミングで切り替わることもよくあり、スパンが短い場合が多かったのです。

一世一元の制は1979年に「元号法」という法律で正式に定められ、たった2つの条文でできていることからもっとも条文が短い法律と呼ばれています。

元号の決め方は大正時代以降、有識者が候補を出し、閣議で協議という順序で行われてきました。元号という概念自体が中国で生まれたものなので、歴史的に中国の古典から採られています。かつては中国やベトナムなどでも使われていたのですが、公式に使い続けているのは日本だけとなっています。

追い知識 2019年に先代天皇が生前譲位して上皇となったが、これは光格上皇（第119代天皇）以来61人目。約200年ぶりのこと。上皇とは略称で、正式には「太上天皇」のことである。

テーマ 67 日本国憲法

日本国憲法第1章に書かれているのは何についてか

ヒント

このどれかだよ
・国会　・戦争の放棄　・国民の権利及び義務　・天皇

テーマ 67 日本国憲法

第1章「天皇」で始まる日本国憲法

日本国憲法は、第二次世界大戦での敗戦を機に作られた憲法。1946年に公布、47年から施行されました。前文と全11章103条で構成されており、第1章は「天皇」について。第1条は「天皇は、日本国の象徴であり日本国民統合の象徴であって、この地位は、主権の存する日本国民の総意に基《もと》づく」から始まっています。

現在の日本国憲法は、日本側がまず草案を作り、その後GHQからの草案（マッカーサー草案）が届き、折衝の末に完成したもの。天皇制を残したのは、日本を安定させるためだったと言われています。

- 前文　・第1章　天皇（第1条～第8条）
- 第2章　戦争の放棄（第9条）
- 第3章　国民の権利及び義務（第10条～第40条）
- 第4章　国会（第41条～第64条）
- 第5章　内閣（第65条～第75条）
- 第6章　司法（第76条～第82条）
- 第7章　財政（第83条～第91条）
- 第8章　地方自治（第92条～第95条）
- 第9章　改正（第96条）
- 第10章　最高法規（第97条～第99条）
- 第11章　補則（第100条～第103条）

追い知識

アメリカの憲法第1条は、「アメリカの連邦議会は、国教を定めまたは自由な宗教活動を禁止する法律、言論または出版の自由を制限する法律（中略）はこれを制定してはならない」。

テーマ 68 日本の法律

日本の主要な法律が書かれた「六法」。憲法、民法、刑法、民事訴訟法、刑事訴訟法、あと一つは何か

憲法、民法、刑法、民事訴訟法、刑事訴訟法、「商法」の6つ

日本には8千以上の法律が存在しており、六法はこれらのうち「主要な法律」を集めたものの総称です。それぞれ、次の通りです。

憲法：国を運営していくための原理原則・規範を書いたもの。日本の法で最上位に置かれ、「国家が守らなければいけないもの」「あらゆる法律は憲法のもとに作られる」という原則がある

民法：家族や遺産、財産についてなど個人の権利を守るための法律

刑法：犯罪と、それに対する罰に関する規定が書かれた法律

民事訴訟法：民事裁判の手続きを定めた法律

刑事訴訟法：刑事裁判（検察が犯罪者の有罪を求める裁判）の手続きを定めた法律

商法：企業や個人の商売のあり方を規定した法律

なお、裁判になった時、民事の場合は当事者（人や会社）が起訴しますが、刑事事件で起訴できるのは検察だけ。犯罪が証明できるか吟味して起訴するため、裁判の有罪率は99%とも言われます。また裁判員制度は刑事事件で導入されているものです。

追い知識

日本で初めて生まれた法律は、701年（飛鳥時代）にできた大宝律令。律とは刑罰で、令とは政治のルールを記したもの。藤原《ふじわらの》不比等《ふひと》らが作り、この仕事がのちの藤原家の繁栄に大きく影響した。

文化財保護法によって選ばれる「人間国宝」と「特別天然記念物」、数が多いのはどちらか

数が多いのは、人間国宝（116名）

国指定の特別天然記念物は75種で、人間国宝は116名。いずれも「文化財保護法」という法律によって選ばれるもので、この法律は法隆寺の壁画が火災で燃えてしまったことをきっかけに1950年に制定されました。

保護の対象は「有形文化財」と「無形文化財」で、有形文化財とはその字のとおり建造物、美術工芸品、動植物など形のあるもので、**無形文化財とは日本の伝統芸能や工芸技術の「技」のこと。**つまり、その技を持つ個人や団体が選ばれるものです。

人間国宝とは、無形文化財の中でも「重要無形文化財」を持つ人の俗称で、毎日新聞が報道で使ったことで定着しました。対象分野は芸能では能楽、人形浄瑠璃《じょうるり》文楽《ぶんらく》、京舞《きょうまい》、歌舞伎、落語。工芸技術では、陶芸、染色、鋳金《ちゅうきん》が選ばれています。

選ばれた場合には技術の向上や後継者を育てるための費用として年200万円の助成金が出ることになり、この予算の都合上、定員の上限が116名となっているのです。毎年1回、保持者の死亡などの事情をふまえて専門調査会と文化審議会が調査・検討し、最終的に文部科学大臣が認定しています。

追い知識

特別天然記念物は、動物21、植物30、地質・鉱山20、天然保護区域4件。これらとは別に地方自治体が独自に天然記念物を指定することもできる。

日本国内の「塩」の生産量と輸入量、どちらが多いか

日本の塩の「輸入量は生産量の8倍以上」。その理由とは

世界の塩の生産量は年間2億8千万トンあり、このうち日本は92万6千トン生成しています。しかし、実は**生産量の8倍以上にもなる年間750万トンあまりを毎年輸入しています。**海に囲まれた日本でなぜわざわざ塩を輸入する必要があるのかというと、理由は「ソーダ工業用に塩が必要だから」です。ソーダ工業とはカセイソーダ（水酸化ナトリウム）の生産業のことで、カセイソーダはアルミニウム、石けん、洗剤、化学繊維などの原料として、また工業製品の生産や漂白、下水処理などにも使われており、国内の塩需要の大半をソーダ工業が占めているのです。

なお、海水の塩分濃度は約3・5％ですが、一般的な濃口醤油の塩分濃度は約16％と、4・5倍以上の塩分濃度があります（薄口醤油は色を薄くするためにさらに濃い）。それでも醤油がそこまで塩辛く感じづらいのは、アミノ酸などのうま味成分が入っているからだと言われています。飛鳥時代には醤《ひしお》という味噌に近い形の醤油の元祖が存在しており、鎌倉・室町時代に今のような液状になりました。ちなみに味覚の仕組みとして、天ぷらなど料理にかける塩は均一よりもまばらなほうが美味しく感じます。

追い知識

塩の致死量は体重１キロあたり0.5～１グラムとされ、体重60キロであれば大さじ２（大さじは約15グラム）～４程度。１日８グラムが摂取量の目安とされ、18年の統計では60代男性の塩分摂取量がもっとも多かった（11.4グラム）。

テーマ 71 貝の歴史的な意義

古くから重宝され、「熨斗《のし》」の由来となった貝といえば何か

大昔から高級食材であった「アワビ」

正解は、アワビ。昔から高級食材で、奈良時代から干しアワビは神さまに捧げるもの（＝熨斗《のし》アワビと呼ばれ、熨斗の由来）として扱われてきました。

そもそも貝は人類全体にとってのキーアイテムです。人類が生まれて間もない19万年前から12万年前まで、地球は約7万年間も厳しい氷期に見舞われていました。この時、唯一生き残ることができたヒトが比較的温暖だった南アフリカの海岸地域にいた人々でした。彼らが貝などを採取しながら命をつないだことで、ヒトという種は存続することができたと考えられています。

なお、貝にはホタテやシジミのような「二枚貝」とサザエに代表される「巻き貝」があり、アワビは巻き貝の一種。寿司ネタでおなじみの赤貝は二枚貝で、身が赤いのは血液と同様にヘモグロビンを含んでいるからです。またアオヤギは正式名称「バカガイ」と言い、そのむき身をアオヤギと呼びます。毒性のあるプランクトンを食べた貝（特に二枚貝）は「貝毒」という中毒症状を引き起こすことがあります。一般に流通しているものは検査を経ているので問題ありませんが、潮干狩りの際はご注意ください。

追い知識

これまで地球では約10万年の周期で氷期が起きており、氷期と氷期の間を「間氷期」と言う。現在、周期的に言えば氷期に入る時期であるが、少なくとも今後3万年は問題ないと見られている。

テーマ 72 出世魚と養殖技術

「ブリ」になるのは、イナダとフッコどちらか

ブリになるのは、「イナダ」（フッコはスズキに）

ブリ（鰤）は体長1mにもなる大型の回遊魚で、魚のサイズ（年齢）によって名前が変わります。呼び名は地域差がありますが、稚魚をモジャコ、35センチ以下をワカシ、35～60センチをイナダ、60～80センチをワラサ、80センチ以上でブリとなります。

その他、セイゴ→フッコ→スズキ。オボコ→スバシリ→イナ→ボラ→トド。メジマグロ→大メジ→本マグロ（クロマグロ）。サゴシ→ヤナギ→サワラ。シンコ（またはジャコ）→コハダ→ナカズミ→コノシロなどが出世魚の代表です。

なお、魚の養殖には「完全養殖」と「畜養」の2種類があり、完全養殖とは人工的に繁殖が可能なもの。一方の畜養は稚魚を獲って生簀《いけす》や水槽で育てる方法です。割合としては畜養のほうが多く、ブリの養殖も畜養です。その理由は、完全養殖にはエサや産卵の環境などを正確に把握せねばならず、コストがかかるから。日本で完全養殖に成功しているのはマダイやヒラメ、トラフグ、また近畿大学が30年をかけて商品化したクロマグロなどです。近年では日本水産がマダコの完全養殖に成功（世界で2例目）した他、近畿大学などがウナギの完全養殖を目指し注目を集めています。

追い知識

平安から江戸時代にかけて、武士や貴族の子には幼名（子どもの期間につけられる名前）があった。吉法師（織田信長）、日吉丸（豊臣秀吉）、竹千代（徳川家康）、鬼武者（源頼朝）など。

テーマ 73 日本酒

純米酒と本醸造酒の違いは何か

ヒント

辛口というのは
アルコール度数が高い
ということだから…

「アルコール添加の有無」（添加すると本醸造になる）

日本酒は製法によって全8種の名称（純米、特別純米、本醸造《ほんじょうぞう》、特別本醸造、吟醸《ぎんじょう》、大吟醸、純米吟醸、純米大吟醸）があるのですが、純米、本醸造、吟醸の3つの違いを知るとわかりやすくなります。まず水、麹《こうじ》、米だけで作ると純米酒となり、米の旨みが特徴です。そして、醸造アルコール（甲類焼酎に近い蒸留酒）を添加すると「本醸造」となり、辛口に。対して吟醸酒は40％表面を削った米を低温熟成させる贅沢な製法で、果実味が特徴です。この時、米を50％以上削ったなら「大吟醸」、アルコール添加なしなら「純米（大）吟醸」となります。さらに、純米酒や本醸造酒も削った米を原料にしたり、特殊な製法を満たすことで「特別」という名前を冠することができるのです。

また現在、日本酒の多くは日本醸造協会の「協会系酵母」が使われていますが、酒蔵独自の酵母を「生《き》もと」と言います。生もとを使って山おろし（杜氏《とうじ》が米を手作業でつぶす工程）した製法を「生もと造り」、山おろしを省略すると「山廃《やまはい》」となります。さらには、貯蔵から出荷まで火入れしないものを「生酒《なまざけ》」、3年以上熟成させると「古酒《こしゅ》」と、同じブランドでも製法で味わいが異なってくるのです。

追い知識

添加アルコールが10％以上では本醸造ではなく「普通酒」となる（燗に向く）。また、米を削った割合は精製歩合として表示され、これは削ったあとの量を示す（40％削ったら精製歩合60となる）。

テーマ 74 焼酎の文化

芋や麦など原料の風味が残る焼酎は「乙類」。では、サワーなどで割る時によく使われる焼酎を何というか

テーマ 74 焼酎の文化

焼酎の「甲類」と乙類の違いは、蒸留の回数

焼酎は、麹菌と主原料（麦、米、さつまいも、黒糖、蕎麦など）で作る蒸留酒。蒸留を一度行う「乙類」と複数回行う「甲類」に分かれます。乙類は昔ながらの製法であり、原料の香り（芋、麦、米など）が出るので、ロックや水・お湯割りで飲まれます。一方、蒸留を繰り返した甲類はクセがないのでサワーなどのベースとしてよく使われています。また、乙類と甲類をブレンドした「混和《こんわ》」焼酎もあります。

一般的に焼酎を割る時の黄金比は「水6」：「焼酎4」とされ、焼酎の味わいが感じられ、アルコール度数も適度に薄まるからというのがその理由。

日本の焼酎の起源はもともとタイから琉球王国を経由してやってきたと考えられており、16世紀頃から製造が始まりました。以来、日本の九州以南では日本酒ではなく焼酎がよく作られてきました。これは**日本酒の原料となる米があまりとれなかったことや、気候が温暖なので醸造酒（長期の発酵）に向かなかった**ことなどが理由です。

なお、沖縄の泡盛も焼酎の一種であり、主原料がタイ米であることや仕込み方が一般的な焼酎とは異なります。本場沖縄ではロックではなく水割りで飲むのが主流です。

追い知識

焼酎には糖質が含まれていないが、その理由は蒸留によって原料の香りとアルコールだけを抽出しているから。なお、日本酒の酒粕を蒸留した焼酎を「粕《かす》取《と》り焼酎」というが、戦後出回った密造焼酎（カストリ）とは別物である。

テーマ 75 花見にまつわる歴史

春の名物行事「花見」は、何時代に始まったものか

ヒント

当時は梅の花が人気だったらしいよ

「奈良時代」に始まった花見の文化

花見は奈良時代が起源とされ、当時は貴族の儀式として行われていました。ただし、当時は中国文化が最先端であり、輸入された梅の花が人気でした。その後、平安時代には桜が花見の対象となります。鎌倉時代には武士の間でも花見が行われるようになり、吉田兼好《よしだけんこう》の『徒然草《つれづれぐさ》』にも花見の作法について書かれているほど。戦国時代には豊臣秀吉が天下統一を果たした後の1598年、1千300人を招いた「醍醐《だいご》の花見」を行い、現代価格にして数十億円とも言われる大規模な宴会（政治パーティー）を開きました。

花見が庶民の間に大きく広がったのは、徳川吉宗による「享保《きょうほう》の改革」だったと言われます。吉宗は飛鳥山と隅田堤《すみだづつみ》に桜の木を植えることを推奨したのですが、飛鳥山は鷹狩りで農地が荒れた農民を花見客からの収益で救うため、隅田堤は花見客が地面を踏み固めることによる治水が目的だったとされます。

現在、日本の桜の80%を占めるのが江戸後期に作られた「ソメイヨシノ」で、明治時代に政府主導で各地に植えられました。ソメイヨシノは1本の苗木から挿し木や接ぎ木で全国に広められたクローンであるため、開花のタイミングが揃うのです。

追い知識

ソメイヨシノがどう作られたのかは長年謎だったが、分子生物学の発展でエドヒガンとオオシマザクラを掛け合わせた品種であることが判明した。明治時代までの桜はヤマザクラが主であった。

テーマ 76 日本の古典文学

「ゆく川の流れは絶えずして、しかも、もとの水にあらず」この一文で始まる作品は何か

テーマ76 日本の古典文学

鴨長明の『方丈記』

正解は、鴨長明《かものちょうめい》の『方丈記』。鎌倉時代の作品で、京都に建てた自宅での暮らしや世の無常をつづったもの。清少納言の『枕草子』、吉田兼好の『徒然草』とあわせて日本三大随筆に数えられます（随筆とは、エッセイのこと）。ここでは、日本を代表する古典文学の例を見てみましょう。

『竹取物語』作者未詳：平安前期、万葉仮名で書かれた現存する最古の物語

『源氏物語』紫式部：天皇の子である光源氏の生涯を恋愛遍歴や苦悩とともに描いた長編作品で、全54帖からなる（およそ100万文字）。世界で30以上の言語に翻訳される

『古事記』：日本最古の歴史書。神代から推古天皇までの天皇家の系譜が描かれている

『日本書紀』舎人親王《とねりしんのう》ほか：年代で記述した「編年体」による日本最古の歴史書。全30巻で構成され、『古事記』とあわせて「記紀」と呼ばれることもある

『万葉集』：現存する最古の歌集。さまざまな身分の人々の和歌を4千500首以上収録

『古今和歌集』：醍醐《だいご》天皇の勅命によって編纂されたとされる日本最古の「勅撰《ちょくせん》和歌集」。紀《きの》貫之《つらゆき》、紀友則《きのとものり》、壬生忠岑《みぶのただみね》らが撰者として、全20巻で約1千100首を収録

追い知識

近年人気のウサギやカエルが擬人化された『鳥獣戯画《ちょうじゅうぎが》』は京都の高山寺《こうさんじ》に伝わる4巻一組の絵巻。平安末期から鎌倉前期に鳥羽僧正《とばそうじょう》によって制作されたとされ、日本最古の漫画と称されることも。

テーマ 77 伝統芸能の成立

能、歌舞伎、浄瑠璃、落語のうち、誕生したのがもっとも古い芸能はどれか

「能」と狂言、あわせて能楽

もっとも古いのは能で、猿楽《さるがく》として平安時代に始まりました。当時は動物のモノマネなど笑いの要素が強かったのですが、徐々に神事的な色合いが強くなっていき、室町時代には観阿弥《かんあみ》・世阿弥《ぜあみ》親子が「幽玄の美」と称される独特の世界観を作り上げます。一方、狂言は猿楽の笑いの要素を引き継いだ芸能で、あわせて「能楽《のうがく》」と呼ばれます。

一方、歌舞伎は出雲阿国《いずものおくに》が1603年に始めた歌舞伎踊りが発祥とされ、当初は女性による女歌舞伎もあったのですが、風紀が乱れるということで幕府に禁止され、現在の男性だけによる歌舞伎が生まれました。江戸以前の出来事を扱った「時代物」と江戸の人々を描いた「世話物」があります。

浄瑠璃《じょうるり》は戦国時代の前後に生まれた芸能で、三味線などに合わせた語り（歌）によって物語が展開していきます。江戸時代には人形を使った「人形浄瑠璃」が生まれ、近松門左衛門《ちかまつもんざえもん》らが大成させ、一時は歌舞伎をしのぐほどの人気を誇りました。

落語は庶民のための芸能として江戸時代頃に成立したもので、他の芸能と違い舞台装置などがいらないため、屋敷や風呂屋などで披露され、1800年頃寄席ができます。

追い知識

能はシテ（主演）、ワキ（助演）、鼓《つづみ》や笛などで構成されるが、役割ごとに流派があり、シテ役がワキを演じるということはない。公演前のリハーサルも原則一度きりと即興性が高いのも特徴。

テーマ 78 下克上が起きた理由

戦国時代を作るきっかけとなった戦の名前は何か

ヒント

数年前、この戦をテーマにした本がベストセラーになったね

戦国時代のきっかけを作った「応仁の乱」

「応仁の乱」は1467年に起き、首都であった京都を舞台に11年間も続いた大きな内乱で、のちの戦国時代に突入するきっかけになった大事件です。ところが、歴史の専門家たちの間でも「なぜそんな大ごとになったのかわからない」と言われるほど不可解なもので、原因は複数の権力争いが重なったことだったと言われています。

室町幕府8代将軍・足利義政《あしかがよしまさ》には子どもがおらず、弟の義視《よしみ》を9代将軍として指名します。ですが、その矢先に義政と妻の日野富子《ひのとみこ》との間に子ども（義尚《よしひさ》）が誕生。すると、子どもを将軍にしたい富子と義視との間で争いが勃発するのです。一方、幕府重役であった細川勝元《ほそかわかつもと》と山名宗全《やまなそうぜん》も小競り合いをしているなど、複数の火種が重なったことでそれぞれが結託し、最後には幕府と天皇家をも巻き込んだ争いに発展しました。

結果的に細川勝元を大将とした東軍（義政・富子・幕府）と、山名宗全を大将にした西軍（義視・天皇家）との争いになり、全国に広がります。11年にも及ぶこの戦いに勝者はなく、京都の街は荒廃。足利家の権威は落ち、天皇家と幕府の力が弱まったことで、各国の大名が下克上を起こす戦国時代に突入することになったというわけです。

追い知識

芥川龍之介の『羅生門』は、この応仁の乱後の京都が舞台だと言われている。また、京都の「西陣織」の西陣とは、当時の西軍の本陣が置かれていたことに由来する。

テーマ 79 道を切り開いた武将

日本史史上初の黒人武士を家臣に持っていた戦国武将といえば、誰か

テーマ 79 道を切り開いた武将

斬新で先進的だった「織田信長」という武将

織田信長は1534年生まれ。織田信秀を父に持ち26歳で尾張国《おわりのくに》を統一、翌年には有力武将の今川義元《いまがわよしもと》を桶狭間《おけはざま》の戦いで破ります。35歳の時に足利義昭《あしかがよしあき》を室町幕府の将軍として擁立し、40歳で義昭を追放、室町幕府を滅亡させました。いよいよ天下統一かという時、49歳で明智光秀による本能寺の変が起き、自害したと言われています。

信長は合理的、かつ革新的だったと評される人物で、楽市楽座で商売を自由に行うことを認めたり、関所の撤廃で人の行き来を自由にし、さらには農民が戦に参加していたところに兵農分離を行って戦の専門集団を作りました。また、キリスト教を導入した他、茶の湯を政治の舞台に持ち込み、「この茶器には国一つ分の価値がある」などとマーケティングを行うことで全国の武将を巻き込んでその価値を高めたのです。

そんな信長の付き人として有名なのは森蘭丸ですが、もう一人、モザンビーク出身の黒人武将、弥助《やすけ》がいます。もともと宣教師の召使いとして来日していたのを信長が気に入り弥助と命名、家も持たせるほどでした。本能寺の変の時も一緒にいたと言われていますが、記録が少なく日本史における謎の一つとされています。

追い知識

信長は38歳の時に比叡山延暦寺《ひえいざんえんりゃくじ》を焼き討ちにするが、比叡山の僧は屈強で、平安時代に院政で一時代を築いた白河法皇も比叡山の僧兵たちを「思い通りにいかないもの」に挙げた。

信長の死後、その後継者を決めるために行われた話し合いを何と言うか

テーマ 80 静かなる天下分け目の合戦

「清洲会議」で天下を握った秀吉

織田信長の死後、天下を取ったのは豊臣秀吉ですが、それを決定づけたのが1582年の清洲《きよす》会議でした。本能寺の変後、信長の長男・信忠《のぶただ》も間もなく切腹したため、誰を後継者にするか話し合いが行われたのです。

集まったのは柴田勝家《しばたかついえ》、丹羽長秀《にわながひで》、羽柴秀吉《はしばひでよし》、池田恒興《いけだつねおき》の4名で、後継者候補には信長の二男・織田信雄《おだのぶかつ》と、三男・織田信孝《おだのぶたか》、そして信忠の長男（信長の孫）・三法師《さんぼうし》でした。柴田勝家は三男の信孝を推しますが、秀吉は「長子相続」の理論で三法師を推し、結果的に幼い三法師を後継者とし、サポートしていこうという結論になります。

このことで秀吉と勝家は対立し戦となりますが、秀吉の勝利。秀吉は関白・太政大臣となり、朝廷からは豊臣の姓をもらい、天下統一を果たすことになります。

秀吉の政策は刀狩りで武力を奪い、さらに太閤検地で国中の情報を把握し、キリスト教宣教師の処刑などしめつけの強いものでした。晩年には朝鮮出兵を行い、1598年に病で倒れます。このあと1600年に起こったのが関ヶ原の合戦だったのでした。

なお、秀吉は信長に仕える前は針の行商を営んでいたと言われています。

追い知識

本能寺の変が起きた時、秀吉は岡山にいたが、京都までわずか10日で200キロを大移動し、山崎の合戦で光秀を討ち、清洲会議に参加。この大移動は「中国大返し」と呼ばれている。

テーマ 81 秀吉後の世界

関ヶ原の戦いで、東軍の大将は徳川家康。では西軍の大将は誰か

ヒント

石田三成ではないよ。長州藩の藩祖として知られている人だね

テーマ81 秀吉後の世界

毛利輝元の西軍対、徳川家康の東軍の戦い

豊臣秀吉の死後、後継者は次男の秀頼《ひでより》となりました。ですが秀頼は幼かったので政権の実務・運営は「五奉行」（浅野長政、石田三成ら）が行い、秀頼を補佐するという名目で各地の有力者を集めた「五大老」（徳川家康、毛利輝元《もうりてるもと》ら）が組織されていました。しかし、均衡状態は長く続かず、三成と家康が対立。その結果、１６００年に関ヶ原の合戦が起きます。関ヶ原は現在の岐阜県です。

石田三成を中心とした西軍は毛利輝元を総大将に（ただし形式上のもので輝元は戦場にいなかった）。一方、東軍は徳川家康が総大将です。数では西軍優勢でしたが、小早川秀秋《こばやかわひであき》らが東軍に寝返ったり、戦いに参加しない武将がいたりと西軍は総崩れ。わずか数時間のうちに終わります。この3年後に家康は62歳で江戸幕府を開き、その12年後、大坂冬の陣・夏の陣で豊臣氏を滅ぼしたのです。

家康は秀吉の6歳下でほぼ同世代なのですが、幼少期を今川家の人質として過ごし、武将・大名となってからも信長や秀吉に服従する時間が続いていました。天下を取るチャンスを虎視眈々《こしたんたん》と狙っていたのか、健康オタクとしても非常に有名です。

追い知識

家康は鷹狩り（鷹を使ってウサギを狩る遊び）を趣味として体を動かすことを日課にし、さらには大陸から漢方・生薬を取り寄せ自身で調合するほど健康に気をつかっていたという。

徳川15代将軍のうち、参勤交代を始めたのは誰か

1603 家康
1605 秀忠
1623 家光
1651 家綱
1680 綱吉
1709 家宣
1713 家継
1716 吉宗
1745 家重
1760 家治
1787 家斉
1837 家慶
1853 家定
1858 家茂
1867 慶喜

テーマ 82 参勤交代と大奥

「3代将軍・家光」の時代に制度化された参勤交代

1603年、徳川家康により江戸幕府が開かれました。265年間という長い間続く政権ですが、そのための政策の一つが参勤交代でした。参勤交代は各地の大名が1年おきに江戸と自国を行き来しなければならないというもので、将軍と大名との主従関係をハッキリさせ、また大名の力を削ぐため1635年に徳川家光が制度化しました。

街道の整備や宿泊費、江戸での滞在費は大名の自腹であり、その費用は現代価格にして1日1千万円以上とも言われています。その上、大名の妻や子どもは江戸に滞在し続けなければならず、実質人質状態にありました。ペリーの黒船来航後、1862年に3年に1回に減らすことになり、1864年にはなくなりました。

なお、家光の時代にもう一つ組織的に整備されたのが大奥です。大奥とは、江戸城の中に作られた将軍の正室（本妻のことで「御台所《みだいどころ》」といった）と側室たち、またそのお世話をする女性たちが暮らす場所。その敷地は東京ドーム2個分とも言われ、将軍以外の男子は禁制、暮らしには厳格なルールがありました。家光の乳母・春日局が組織を作り、一時は3千人以上の女性が暮らしていたとも言われています。

追い知識

参勤交代の原型は鎌倉時代からあり、特に秀吉は実質人質として大名や家臣、その妻子を京や大坂に住まわせていた（その不満が関ヶ原の合戦の結果につながったという指摘もある）。

徳川15代将軍のうち、一般的に「名君」と呼ばれている将軍は誰か

暴れん坊将軍「徳川吉宗」の享保の改革

徳川15大将軍のうち、名君と呼ばれるのは8代吉宗です。ドラマ「暴れん坊将軍」のモデルとしても有名ですが、1716年にひっ迫していた財政の立て直しを目的として「質素倹約」の推奨、大名に参勤交代の負担を減らす代わりに米を納めさせる「上げ米の制」などを施行。また、庶民の意見を集める「目安箱」の設置や江戸の火事対策なども行い、一連の政策は「享保の改革」と呼ばれます。

江戸時代には享保の改革の他に、老中松平定信《まつだいらさだのぶ》による「寛政《かんせい》の改革」、同じく老中水野忠邦《みずのただくに》による「天保《てんぽう》の改革」があり、あわせて三大改革と呼ばれます。この老中とは将軍直属の役職の一つで、実質的な幕府の責任者。通常4人の大名が月替わり（月の番）でその役を務め、彼らは藩主としての仕事もしていました。

もとは三代将軍家光が側近の土井利勝《どいとしかつ》や酒井忠勝《さかいただかつ》に政務を任せたのが最初で、その経緯もあり、老中の上の最高役職である「大老」には徳川家に近しい土井・酒井・井伊・堀田の4家の大名のみが就任でき、歴史上10人程度しかいません。江戸時代の後半、桜田門外の変で暗殺された井伊《いい》直弼《なおすけ》がその代表です。

追い知識

井伊直弼は「日米修好通商条約」を結ぶが、それに反対した志士たちを処罰（安政の大獄）。このことで恨みを買い、水戸浪士らに暗殺されてしまう。本人は条約締結には反対だったという。

テーマ 84 江戸時代の教育事情

江戸時代末期に吉田松陰が主宰し、数々の偉人を輩出した松下村塾。この塾のあった場所は、現在の何県か

「山口県」にあった松下村塾

松下村塾《しょうかそん》は吉田松陰《よしだしょういん》が主宰する私塾で、現在の山口県萩市《はぎし》にありました。松陰は9歳で藩の学校（藩校）の兵学師範となるなど非凡な才能を持っていましたが、1854年にアメリカへの密航を画策し、失敗。実家で幽閉処分となります。この時親類などに行った講義が人気となり、57年に叔父の開いていた松下村塾を引き継いだのです。

松下村塾では兵学を中心に、歴史、倫理、地理、経済、芸術、また講義にとどまらず、討論や畑仕事、登山、水泳を行うなど幅広い教育方法が取られたと言います。高杉晋作、伊《い》藤博文《とうひろぶみ》、山縣有朋《やまがたありとも》など、後の明治維新や明治新政府で活躍する要人が多数入塾しましたが、58年に松蔭は安政の大獄で捕らえられ閉鎖。翌年29歳で死罪となります。

なお、当時流行した学問が朱子学《しゅしがく》と陽明学《ようめいがく》です。いずれも中国で体系化されたもので、朱子学はこの世の理《ことわり》を体系的にまとめた座学要素の強いもの。一方の陽明学は朱子学への批判から生まれたもので、「知行合一《ちこうごういつ》」などに代表される「実践すること」の重要性を説いています。その性質から革命的な思想につながりやすいと危惧され、実際、吉田松陰や高杉晋作、西郷隆盛らは陽明学を好んだと言います。

追い知識

江戸時代には義務教育はなかったものの、幕府直轄の教育機関である昌平黌や藩校、寺子屋、私塾などがあり、識字率は非常に高かったと考えられている。

薩長同盟の結成時、薩摩藩のリーダーは西郷隆盛。では、長州藩のリーダーは誰か

テーマ 85 明治政府誕生

長州藩のリーダーは「桂小五郎」

明治政府の誕生に大きく関わった薩摩《さつま》藩と長州藩ですが、長州藩のリーダーは桂小五郎（のちの木戸孝允《きどたかよし》）でした。薩摩とはもともと島津家に仕えていた藩士たちで、西郷隆盛の他に大久保利通《おおくぼとしみち》らがいます。一方、長州藩には桂小五郎、高杉晋作や伊藤博文ら吉田松陰に教えを受けた志士たちがいました。

非常に大きな力を持ち、幕府から恐れられていた両藩ですが、そもそも薩摩藩は「公武合体（公家と幕府が一緒になることで力をつける）」の立場で、長州藩は「尊皇攘夷《そんのうじょうい》（天皇を君主にして外国を倒す）」の立場。この思想の違いから「禁門の変」という血みどろの争いが起きており、犬猿の仲だったのです。この両藩の間を取り持ったのが中岡慎太郎や坂本龍馬で、互いの利害を一致させることで1866年に薩長同盟を結成させます。そして翌年に大政奉還となり、明治政府では伊藤博文が初代総理となりました。

ちなみにその後1890年に第1回の衆議院議員総選挙が行われますが、その投票率は93・73％。板垣退助率いる立憲自由党が第1党となります。ただし投票対象者は「直接国税を15円以上おさめている満25歳以上の男性」で、全国民のわずか1％でした。

追い知識

長州藩には実力者も多かったが、早死にした人が多い。その理由の一つとして、吉田松陰の「国をよくするためなら何でもする」という姿勢が影響を与えたのではと言われている。

三井、住友、三菱、安田。
俗にいわれる
日本の「四大財閥」のうち、
岩崎弥太郎に起源があるのは、
どの財閥か

岩崎弥太郎の九十九商会が「三菱財閥」になった

財閥とは、一つの企業を中核にして子会社を持ち、さまざまな業界で市場を独占する経営形態（＝コンツェルン）のこと。日本の財閥は同族経営が基本で、江戸時代に商家として生まれた三井財閥と住友財閥、明治維新以降に成長した三菱財閥と安田財閥が四大財閥と呼ばれています（安田財閥を除いて三大財閥と呼ぶこともある）。

三井財閥：三井高利《みついたかとし》が始めた呉服屋が起源

住友財閥：もっとも歴史の古い財閥で平家一門にルーツがあるとされる

三菱財閥：岩崎弥太郎が経営者を務めた海運会社の九十九商会《つくもしょうかい》が起源

安田財閥：富山県生まれの安田善次郎が江戸で両替店を開いたのが起源

日本経済を牽引していった財閥ですが、戦後はＧＨＱに解体され、それぞれの財閥と子会社との関係はなくなりました。しかし１９５０年代半ばからは大部分の企業が結集し、「関連企業」として再び大規模な企業グループを形成するようになっています。ほとんどの場合、会社名に旧財閥の名前が入っているものは関連企業になりますが、三菱鉛筆は三菱財閥と関係なく創業された会社（１９２５年創業）です。

追い知識

大河ドラマ「龍馬伝」で岩崎弥太郎を演じた香川照之《かがわてるゆき》は歌舞伎役者（九代目・市川中車《いちかわちゅうしゃ》）でもある。東大出身、昆虫好きは有名だが、ボクシングマニアでもあり専門誌で長らくコラムを連載していた。

テーマ 87 歴史の長い会社

上場企業である養命酒製造と松井建設、より創設の起源が古いのはどちらか

テーマ87　歴史の長い会社

豊臣秀吉の時代から建設業を営んできた「松井建設」

日本の上場企業でもっとも創業が古いのは松井建設株式会社。創業は１５８６年で豊臣秀吉が太政大臣になった年です。小田原城の再建、東京都庁の施工などを行ってきました。一方、生薬製品を開発・販売する養命酒製造のルーツは１６０２年。塩《しお》沢《ざわ》宗《そう》閑《かん》が助けた老人から薬酒のレシピを教わり、これに「養命酒」と名づけて各地に広めたとされています。なお、松坂屋・大丸・パルコなどを傘下に持つＪ・フロントリテイリングは１６１１年、調味料メーカーのキッコーマンは１６６１年にルーツがあります。

東京商工リサーチの調べによると、日本で創業1千年を超える会社は7社、１００年以上では3万社を超え、長寿企業の数は世界最多です。職人文化や継続に重きを置く価値観があるのがその理由とされています。日本で創業がもっとも古い企業は大阪市にある金剛組で、創業は５７８年（飛鳥時代）。四天王寺など社寺の建築を行ってきた会社で、２００５年に高松建設の子会社となっています。

ちなみに帝国データバンクの２０１９年の調べでは、日本の経営者の平均年齢は59・７歳。世界では53歳で、経営者の年齢も高めという結果になっています。

追い知識

養命酒はアルコールが14%含まれるが「医薬品」指定（未成年や運転前は服用できない）。徳川家康にも献上され、軍人の山本五十六も愛飲していたという。

テーマ 88 神社と寺の歴史

全国の都道府県でもっとも神社が多いのはどこか

ヒント

京都や大阪ではないよ

「新潟県」にもっとも多い神社。その理由は

文化庁の統計によると、神社は全国に8万1千以上あり、都道府県別でもっとも多いのは新潟県（4千711社）、2位兵庫県、3位福岡県と続きます。新潟は稲作に適した気候に加え、大阪と北海道を結ぶ北前船《きたまえぶね》の寄港地《きこうち》だったため、物や情報が行き交って栄えたのです。1893（明治26）年には170万人が暮らす人口日本一の都市となり、結果的に神社の数も増えたのだろうと考えられています。

一方、寺の数は約7万7千軒で、もっとも多いのは愛知県（4千559軒）、2位大阪府、3位兵庫県となっています。愛知は神社と寺の合計数でも全国1位です。

今でこそ神社と寺は別々のものですが、歴史的には神社と寺に明確な区別はなく共存していました。神道の文化があったところへ6世紀に仏教が伝来すると、日本人は仏も一緒に祀るようになったのです（神仏習合）。ところが1868年に明治政府が誕生すると、王政復古の一環として神道を国教化し、神社と寺を明確に分けること（神仏分離）となりました。この令が民衆の間で拡大解釈され、各地で廃仏毀釈《はいぶつきしゃく》運動としてお寺や仏具などが破壊される事件が起きてしまったのです。

追い知識

神仏分離という概念は江戸時代からあり、寺院整理がされる地域もあった。一方で、現在も一部で「鳥居のある寺」や「五重の塔のある神社」など、神仏習合の名残を見られる施設がある。

伊勢神宮の祭神は天照大神。では、出雲大社の祭神は何か

出雲大社は、「大国主《おおくにぬし》」を祀る神社

神社で祀られている神を「祭神《さいじん》」と言いますが、三重県の伊勢神宮は皇祖神《こうそしん》である天照大神《あまてらすおおみかみ》を祭神とし、一方の出雲大社は大国主《おおくにぬし》を祭神とする特殊な神社です。

そもそも「古事記」の中で神々は2つのグループに分けられるのですが、一つが高天原《たかまがはら》（天空に浮かぶ島）に住む「天津神《あまつかみ》」で、そのトップは天照大神です。対して地上の葦原中国《あしはらのなかつくに》にいた神々が「国津神《くにつかみ》」で、大国主がそのトップでした。両国は争うのですが、負けた国津神側は天津神側に国を譲ることになります。この時、国を譲った大国主に敬意を表して建てられたのが出雲大社の起源とされているのです（その後、平定された地上を治めるために天照大神の孫・ニニギが天孫降臨《てんそんこうりん》しました）。

出雲大社はそうした背景から「日本中の国津神が集う神社」として毎年11月（神在月《かみありづき》）に神事が行われています。縁結びのご利益もこの神事に由来したものです。

一方、神宮は天津神たちを祭神とする神社の総称で、中でも天照大神を祀る伊勢神宮は別格です。江戸時代の伊勢参りは一生に一度の大イベントであり、「伊勢講《いせこう》」という積立金システムが各地に生まれ、人々は代わる代わる参拝していました。

追い知識

相撲の起源は天津神と国津神の争いの中にあり、天津神のタケミカヅチと国津神のタケミナカタが勝負を行った。相撲が神事とされる由来である。どちらも武道の神として、それぞれ鹿島《かしま》神宮と諏訪《すわ》大社で祀られている。

テーマ 90 宝くじの起源と現在

現在の宝くじは、何を目的に作られたものか

テーマ90 宝くじの起源と現在

「地方自治体の財政立て直し」が目的の宝くじ

宝くじ（自治宝くじ）は、地方自治体の財政を立て直すことを目的として生まれたものです。2018年の販売実績は8千46億円で、販売価格の約46％が当選金、約38％が地方自治体の資金源となり、残りが広告や印刷費、販売の人件費などに当てられます。日本宝くじ協会の調査（平成28年度）では、世代別では60代の購入がもっとも多く、地域別では大阪府がもっとも多いとされています。

そもそも日本の宝くじは江戸時代の「富くじ」を原型にしたもの。各地の寺や神社が資金集めのために行っていたもので、江戸時代の1等は100両、現代価格にして500～600万円程度だと言われています。

その後富くじは廃止されますが、終戦間もない1945年に政府発行で宝くじが生まれました。お金を循環させることで過度なインフレを防ぐための政策だったと言われていますが、この政府宝くじは54年に廃止され、現在の自治宝くじが生まれました。

なお、世界の宝くじでもっとも高額とされるのがアメリカの「パワーボール」。数字選択式で、18年1月に約633億円の当選金が出ました。当選確率は3億分の1だとか。

追い知識
宝くじの売れ残りは、番号を控えて断裁する。売れ残りが当選することもある。当選金に税金はかからないが、誰かにあげると贈与税がかかる。

テーマ 91 日本の文豪

「親譲りの無鉄砲で小供の時から損ばかりしている」この書き出しで始まる作品は何か

テーマ 91 日本の文豪

夏目漱石の『坊っちゃん』の一節

正解は、夏目漱石の『坊っちゃん』。血気盛んな新人教師を取り巻く人間模様が描かれた作品で、漱石の中では「大衆的」と評されています。漱石は東京帝国大学で英文学の研究や講師をしていたのですが、高浜虚子《たかはまきょし》のすすめで38歳の時『吾輩は猫である』を発表、評価を得ます。40歳からは朝日新聞社で出社義務なしの小説記者として働き、『三四郎』『こゝろ』などの作品を残すも、胃潰瘍《いかいよう》や糖尿病などを併発し、49歳で死去しました。ここでは、そんな漱石と同時代の文豪をまとめています。

森鷗外：軍医として勤めながら『舞姫』などを発表。教養人として活躍する

樋口一葉：貧しい生活の中で『たけくらべ』がヒットするが、翌年に結核で死去

島崎藤村《しまざきとうそん》：詩人から小説家となり、被差別部落の主人公を描く『破戒』でデビュー

谷崎潤一郎：人の性や情念を描いた『刺青《しせい》』を発表後、『細雪《ささめゆき》』などを生む

芥川龍之介：『羅生門』発表後、夏目漱石の門下に入る。短編の傑作を多く残した

太宰治：芥川に傾倒し、10代から執筆を行う。4度の自殺未遂を図った

三島由紀夫：大蔵省勤務を経て作家となり、『仮面の告白』で人気作家に

追い知識

芥川賞は純文学の賞で、直木賞はエンタメ作品の賞。いずれも1935年に文藝春秋の創業者・菊池寛《きくちかん》が設立した。純文学とは読者に媚びることなく作家の自意識・芸術性が前面に出た小説のこと。

テーマ 92 大物軍人と東京の地名の由来

乃木坂46でおなじみの乃木坂だが、この地名はある軍人の名前に由来した地名である。その軍人の名とは何か

昭和天皇の教師も務めた軍人「乃木希典」

乃木坂は東京都港区にある坂の名前ですが、由来となっているのは乃木希典《のぎまれすけ》。乃木は1849年に江戸で生まれ、明治時代に入り軍人となります。東郷平八郎らと日露戦争で指揮をとり、難攻不落と呼ばれた旅順を攻略したことで国の英雄に。のちに学習院の院長、昭和天皇の教育係を務めますが、1912年に明治天皇が崩御《ほうぎょ》するとそのあとを追い自刃しました。この殉死《じゅんし》は世間をにぎわせ、夏目漱石は『こゝろ』を、芥川龍之介は『将軍』という作品を残しています。乃木坂の名前は乃木の死を悼《いた》み、1912年に赤坂区議会が命名したものです。関連して東京の地名の由来を一部紹介します。

青山：徳川家康の重臣だった青山家の屋敷があったことに由来
六本木：6本の松の古木があったことに由来とされているが、諸説あり
台場：かつて砲台場であったことに由来
新宿：江戸時代に新しくできた宿が内藤家の敷地で「内藤新宿」と呼ばれたことに由来
恵比寿：明治23年に「恵比寿ビール」が誕生し、その積み荷を行う駅を恵比寿とした
用賀：鎌倉時代の初期にヨガの道場ができたことに由来

追い知識

乃木は当時ロシアの脅威にさらされていたトルコやポーランドでも英雄として知られているという。ちなみに地名を冠したローカルアイドルは全国で1000組以上いると言われている。

テーマ 93 和牛の歴史

「和牛」とは、日本にもともといた固有種のことであるか、否か

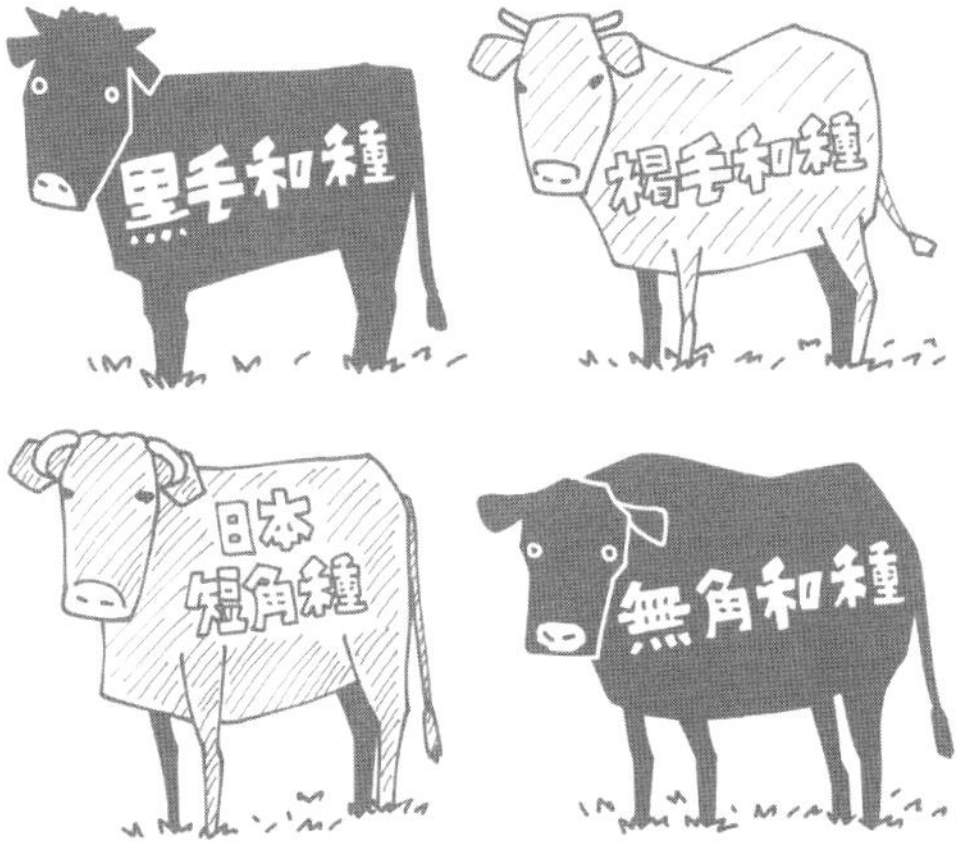

和牛とは、「明治以降」に生まれた4品種

和牛とは4種、黒毛和種、褐毛《あかげ》和種、無角《むかく》和種、日本短角《にほんたんかく》種（また、それぞれの交雑種）のことを言います。歴史的に日本の牛は食用でなく美味しくなかった（牛肉を食べることが禁止だった）ので、明治時代以降に海外から輸入したり、その牛と在来種をかけあわせて品種改良することで現在の和牛が生まれました。

特に「神戸牛」「松阪牛」「近江牛」に代表される黒毛和牛は海外でも認知度が高いですが、実はこれらの和牛のルーツはすべて但馬牛《たじまうし》にあります。**但馬牛とは兵庫県産の黒毛和種で、この牛が各地の肥育農家に育てられ、厳しい基準をクリアしてブランド名がつく**のです。流通で使われる等級は、アルファベット（A～C）が歩留《ぶど》まり等級（肉が取れる量）、数字（5～1）は肉質等級（サシや肉質のよさ）をあらわします。

なお、牛肉が豚や鶏に比べて高額なのは、生育コストにあります。1キロ体重を増やすために、鶏は約2・2キロ、豚は約3キロのエサが必要なのに対し、牛は約10キロ必要、さらに出荷まで2・5年かかります（鶏は55日、豚は6ヶ月程度）。その手間暇や維持費のため、1頭あたりの価格は当然高くなるというわけです。

追い知識

国産牛のうちホルスタインと黒毛和種で全体の8割以上を占める。一方、褐毛和種、日本短角種、無角和種は合わせても1％未満のシェアである。これは、黒毛和種が高く売れるから。

テーマ 94 和牛の流通と部位

牛肉の「サーロイン」とは、ロースとカルビ、どちらに含まれる部位か

テーマ 94 和牛の流通と部位

サーロインは、ロース（背肉）のうち腰の部分を言う

日本国内で流通している牛肉は、1頭を14～16の部位に分割して流通するのが一般的です。このうち牛の肩から腰にかけての背中をロースといって、「肩ロース」「リブロース」「サーロイン」に分かれます。サーロインは腰の背肉で、あまりの美味しさから「サー（Sir）」の称号を授けられ、サーロインと呼ぶようになったと言われています。近年高級部位として知られる「シャトーブリアン」は、このサーロインの中にある「ヒレ」の、さらに中心部分のことで、1頭から2キロ程度しか取れない希少なものです。

一方のカルビは、牛のあばら周辺のお肉（バラ肉）のことで、韓国語のあばら（＝カルビ）が語源。大きく前足のほうの「肩バラ（三角バラ）」と、お腹のほうの「トモバラ」に分かれ、肩バラのほうがよりサシが入っています。

ロースやカルビなどを正肉《しょうにく》、腸やレバーなどの内臓をホルモンと呼びますが、この2つは一般的に仕入先（卸業者）が異なり、特にホルモンは新鮮さが重要と言われているので、焼き肉屋に行くなら火曜～土曜がいい（食肉市場は土日が休みなので）という話があるほどです。なお、タン（舌）やハラミ（横隔膜）はホルモンに分類されます。

追い知識

仏教の伝来以降、肉食は禁止となるが、健康のための「薬食い」として猪や鹿などが食べられていた。正式な解禁は1872年、明治天皇が口にした時とされるが、彦根藩だけは牛肉の生産が認められており、幕府に献上されていた。

昆布などに含まれ、池田菊苗が発見したうま味の成分といえば何か

「グルタミン酸」の存在を科学的に証明した池田菊苗

うま味の存在を初めて科学的に証明したのは、池田菊苗《いけだきくなえ》。理学博士として1907年に昆布の煮汁からグルタミン酸ナトリウムの抽出に成功します。以後うま味は甘味、塩味、酸味、苦味とあわせて「五源味」とされるようになり、特許庁は1985年に「日本の十大発明家」の一人に池田菊苗を選んでいます。なお、他の発明は次の通り。

豊田佐吉《とよださきち》：自動で糸を織る「自動織機」を開発。トヨタグループの発展に大きく貢献

御木本幸吉《みきもとこうきち》：真珠の養殖に成功。ミキモトの創業者である

高峰譲吉《たかみねじょうきち》：副腎から出るホルモン「アドレナリン」を結晶化することに成功

鈴木梅太郎：ビタミン学の祖で、米ぬかからビタミンB1を発見

杉本京太：和文のタイプライターを開発。公文書の作成などが効率的になる

本多光太郎《ほんだこうたろう》：永久磁石「KS鋼（のちに改良しネオKS鋼）」を発明

八木秀次《やぎひでつぐ》：助手の宇田新太郎とともに「八木・宇田アンテナ」を開発

丹羽保次郎《にわやすじろう》：「写真を伝送する仕組み」を開発したファックスの生み の親

三島徳七《みしまとくしち》：本多の開発したKS鋼よりも磁力が強く安価な「MK鋼」を開発

追い知識

グルタミン酸（昆布、トマト、チーズ、緑茶など）、イノシン酸（鰹節、煮干し、牛肉、豚肉など）、グアニル酸（干し椎茸やのり）の3つは「三大うま味成分」とされている。

テーマ 96 辛味の科学

唐辛子の辛味成分はカプサイシンだが、ダイコンやワサビの辛味成分といえば何か

ヒント

どれかな…
・ピペリン ・ジンゲロール
・アリルイソチオシアネート

テーマ 96 辛味の科学

その名も「アリルイソチオシアネート」

すりおろしたワサビやダイコンを口にした時の、鼻に抜ける独特のツンとした辛味。その正体は、硫黄化合物の一種であるアリルイソチオシアネートという物質です。

ワサビやダイコンの細胞内にはシニグリンという辛味の素となる物質と、ミロシナーゼという酵素が含まれており、すりおろすなどして細胞が破壊されるとミロシナーゼがシニグリンを分解し、アリルイソチオシアネートが生成されます。大根の先のほうが辛いと言われるのは、ミロシナーゼとシニグリンの含有量の違いだとされています。食べると非常に辛いのですが、強い殺菌・抗菌作用や、エチレン（植物の老化を早める成分）の発生を抑える効果を持つことから、食品保存用シートや防かび剤などに使用されており、近年ではガンを抑える効果も注目されています。

なお、黒コショウに多く含まれる辛味成分がピペリン。ショウガに含まれるのはジンゲロールで、加熱したり乾燥したりするとジンゲロールはショウガオールへと変化し、より刺激が強くなります。辛さの単位であるスコヴィル値は、ジンゲロールの6万に対し、ショウガオールは16万にもなります。

追い知識

トウガラシの辛味成分として有名なカプサイシンは、炭素、水素、酸素、窒素からなる天然有機化合物。感覚神経を麻痺させる作用があるため、湿布や外用の鎮痛剤にも使用される。

哲学の古典「ソクラテスの弁明」の著者である哲学者は誰か

弟子「プラトン」が記した、哲学の祖の思想

『ソクラテスの弁明』とは、古代ギリシアの哲学者プラトンが著した本。プラトンの師であり、哲学者の祖とされるソクラテスの言葉（ソクラテスは、書いた言葉では表面的にしか伝わらないと自著を残さなかった）を伝えています。

ソクラテスは人々との対話を通し、賢ぶることの愚かさ、無知を自覚することの重要性を痛感します。そこで相手に疑問を投げかけ、矛盾や無知を自覚させ、より高い認識、真理へと導いていく手法（「問答法」「産婆術」「弁証法」）をとっていたのですが、論破されたなどで敵意を持つ人らに「神を冒とくした罪」で訴えられます。

『ソクラテスの弁明』は、訴えられたことへのソクラテスの反論を通して彼の思想を伝える作品です。ソクラテスは処刑され、プラトンはのちに著書『国家』で、国の王とは民主主義で決めるのではなく、哲学をおさめたものがなるべきだと記しています。

そもそも哲学は古代ギリシア語の「philosophia《フィロソフィア》」（知を愛する）が語源で、19世紀に西周《にしあまね》が「哲学」（哲はあきらかにするの意）と和訳しました。現代日本では文系学問として認識されていますが、本来は理系分野も含めた学問全般を指すものでした。

追い知識 西周は哲学以外に「芸術」「理性」「科学」「技術」「心理学」「知識」「概念」「帰納」「演繹《えんえき》」「定義」「命題」「分解」などといった多くの哲学・科学関係の言葉の生みの親でもある。

テーマ 98 ルネサンス三大巨匠

ダヴィデ像を作った芸術家は誰か

ヒント

誰かな…

・ダ・ヴィンチ　・ラファエロ

・ミケランジェロ

テーマ98 ルネサンス三大巨匠

ダヴィデ像は「ミケランジェロ」作

ルネサンスはフランス語で「再生」を意味し、文化が停滞していた中、「古代ギリシアやローマ時代のように新たな文化を生み出そう」とイタリアで始まった運動です。その中で、ダ・ヴィンチ、ラファエロ、ミケランジェロは、ルネサンスの三大巨匠と呼ばれる芸術家（いずれもイタリア生まれ）でした。

レオナルド・ダ・ヴィンチ：1452年生まれ。「モナ・リザ」「最後の晩餐」などの芸術作品だけでなく、幾何学、工学、解剖学、地理学、あらゆる分野に精通した天才。1万ページ以上に渡る手記・スケッチを残し、その多くは鏡文字で書かれている

ラファエロ・サンティ：1483年生まれ。代表作「小椅子の聖母」を始め、聖母マリアとキリストの作品を多く描き「聖母子の画家」とも呼ばれる。25歳から37歳で亡くなるまでバチカンの宮廷画家として活躍し、その作品の多くは宮殿内に残されている

ミケランジェロ・ブオナローティ：1475年生まれ。彫刻「ダヴィデ像」、システィーナ礼拝堂の天井画「アダムの創造」、壁画「最後の審判」などを残す。建築や詩作も行うが、本人は彫刻が本業だと考えており、絵画の仕事へのグチや不満を残している

追い知識

この時代は貴族たちがパトロンとして芸術家たちの活動を支えていた。芸術だけでなく、「火薬」「羅針盤」「活版印刷」の三大発明、ダンテの『神曲』、マキャベリ『君主論』などもこの時に生まれたもの。

著書『天球の回転について』で地動説を唱えたのは誰か

テーマ99 地動説とローマカトリックへの挑戦

「コペルニクス」が死の間際に残した、教会への挑戦

地動説とは、宇宙の中心は太陽であり、地球を含める惑星は太陽のまわりを自転しながら公転しているというもの。これをヨーロッパで初めて発表したのはコペルニクスで、ポーランド生まれのカトリック司祭でした。コペルニクスは死の直前、1543年に『天球の回転について』を出版し、世間をにぎわせました。というのも、中世ヨーロッパでは「天動説」（地球が宇宙の中心であり、太陽や惑星がそのまわりを公転している）が常識だったからです。天動説は2世紀にプトレマイオスが確立したものですが、地球が宇宙の中心などの点がキリスト教の教義と結びつき、広く信じられていました。

つまり、地動説を唱えることはローマカトリックへの挑戦であり、コペルニクス自身もあくまでも仮説だとして発表していました。その後も天動説がくつがえることはなく、イタリアの天文学者ガリレオ・ガリレイが地動説を支持した時は宗教裁判が起こり、地動説を撤回する文書を読まされることになります。ローマカトリックがガリレオ裁判の誤りを認めたのは裁判から約350年後、1992年のことです。この宗教裁判は科学と宗教の対立として有名ですが、実は人間関係の対立もあったと言われます。

追い知識

歴史的には紀元前4世紀からフィロラオスやアリスタルコスが宇宙の中心は太陽であると主張していたが、同時代の哲学者アリストテレスが天動説を唱えたことから天動説が主流の流れができた。

「万有引力の法則」を発見した
アイザック・ニュートンだが、
ニュートンの説明として
間違っているものはどれか

①重力の発見者である
②錬金術の研究者である
③微分・積分の発見者である

テーマ 100 17世紀イギリスの天才

ニュートンは重力ではなく、「引力の発見者」である

アイザック・ニュートンは1642年にイギリスで生まれ、ケンブリッジ大学で数学を学びます。**「万有引力の法則」は宇宙のあらゆるものの間には引力が働いていることを説明したもの**です（重力の存在を説明したものではありません）。さらに数学の分野でも「微分・積分法」の開発、光と色の性質、天文学など多数の業績を残し、著作『自然哲学の数学的諸原理（プリンキピア）』は近代科学におけるもっとも重要な書とされています。

そんなニュートンが心血を注いでいたのが錬金術です。錬金術は鉄、アルミニウムなどの卑金属を金（黄金）に変える技術のことで、古代エジプトの冶金術や染色術がその起源とされています。呪術的な要素もあるのでオカルト分野の一つとして語られることも多いのですが、ニュートンは錬金術に関する記述を多く残しています。

そのニュートンを錬金術から自然科学研究に集中させるきっかけを作ったと言われるのが天文学者エドモンド・ハレー（ハレー彗星の発見者）です。ハレーから彗星の軌道について聞かれたニュートンは、回答するために研究に打ち込み、結果的に自然科学の研究をすることになったと言います。

追い知識

万有引力の法則の発見のエピソードで知られるリンゴは「ケントの花」という品種で、この子孫は記念樹として世界各国に分譲され、日本でも小石川植物園などに植えられている。

テーマ 101 17世紀フランスの天才

「人間は考える葦である」の言葉を残した哲学者といえば誰か

テーマ101 17世紀フランスの天才

早逝の天才「ブレーズ・パスカル」

ブレーズ・パスカルは1623年、フランス生まれの哲学者。哲学者とされますが、数学、物理学、神学などにも長け、16歳で「円錐曲線の定理（パスカルの定理）」を発表。20歳までに機械式計算機を発明しています。その他、「確率論」「パスカルの三角形」「気圧の発見」など後世に大きな影響を与える研究を残しているのですが、39歳の若さで亡くなり、早逝《そうせい》の天才と呼ばれています。

有名なフレーズ「人間は考える葦《あし》である」とは、彼の手記を集めた「パンセ」に収録されたもので、「人間は非力な存在であるが、考えることは人間にとっての武器であり、偉大なことである」といった意味の言葉です。葦とはイネ科の植物でススキのような形をしています。

なお、圧力の単位パスカル、大気圧の単位ヘクトパスカルは、パスカルから採られたもの。ヘクトはほぼ気象学だけに使われる単位で、日本では大気圧の単位はバールだったのですが、法改正で国際基準に合わせることになりました。この際、「1ミリバール」＝「1ヘクトパスカル」と換算できるようにヘクトが採用されたのです。

追い知識

パスカルの父は徴税官であり、その仕事が楽になるようにと計算機を10代で発明したのだが、この時肉体を酷使したことが寿命を縮める要因になったのではとも言われている。

テーマ 102 戦争と最新科学

クリミア戦争で活躍し、「クリミアの天使」と呼ばれたナイチンゲール。彼女はある分野のスペシャリストとして知られるが、それは何か

ヒント

え、そうだったの……

・哲学 ・統計学 ・薬学 ・物理学

近代看護教育の母は、「統計学者」であった

ナイチンゲールは「近代看護教育の母」と呼ばれる看護師・統計学者。看護師のイメージが強いですが、現場で看護師として活躍したのはクリミア戦争に参加していた2年半だけで、それ以外は統計学などを駆使した病院の設計や看護教育の基礎作りに尽力しました。クリミア戦争中は、軽傷にもかかわらず命を落とす兵士が多く、その原因が衛生環境が悪かった（傷口から感染症になっていた）ことを見抜き、病院の衛生環境を整えました。結果、42・7%だった死亡率を2・2%まで引き下げ、終戦後は英雄として取り上げられます。しかし身体を酷使したことで心臓麻痺を起こし、30代後半からベッドで横たわる生活となります。それでも、90歳まで仕事を続けたそうです。

なお、1853年に起きたクリミア戦争はロシア対フランス・オスマントルコ帝国・イギリスの連合による大規模な戦争ですが、「科学技術が初めて導入された戦争」とも言われ、電信技術が導入されています。ただし、当時の通信記録に残っているのは戦況のやり取りではなくゴシップがほとんどだったと言われています。……が、このように軍事利用をきっかけに生まれた先端技術・製品は少なくありません。

追い知識 レトルト食品や生理用品などの日用品、またインターネット、赤外線、電子レンジ、パソコンやカメラのレンズなども、軍事技術が民間で応用されて生み出されたものである。

テーマ 103 近代西洋絵画の変遷

19世紀の「印象派」を代表する画家で、「印象・日の出」の作者といえば誰か

印象派を作った画家「モネ」

印象派とは、1860年代の中頃にフランスを中心に起きた芸術運動で、それまで台頭していた写実主義や遠近法ではなく、自分の感覚に根差して周囲の光や空気をとらえようとした画家たちのこと。モネがその代表で、他にルノアールらがいます。「印象派」という名称は若手画家グループの第1回展に出品されたモネの「印象・日の出」という作品名から取られたもので、世界に影響を与えました。日本を代表する洋画家・黒田清輝《くろだせいき》も印象派の影響を取り入れ、「外光派」と呼ばれる作風を確立しました。

その後、絵画は時代によっていくつかの潮流が生まれるのですが、18世紀末から19世紀前半にかけて広まったのが「ロマン派」。感情、個性、想像力を尊重しようというもので、フランスのドラクロワやスペインのゴヤなどが代表です。

19世紀中頃には、ミレーなどがパリ近郊のバルビゾンという村に滞在して森の風景などを描いたことから「バルビゾン派」が生まれます。さらに19世紀末にはゴーギャンやゴッホらが、印象主義の流れをくみながら独自の画風を構築したということで「後期印象派（ポスト印象派）」と呼ばれています。

追い知識

ゴッホが浮世絵にインスピレーションを受けたのは有名だが、「日本が南にある」からという理由で南フランスに移住したというほど日本びいきだった。活動10年で２千点以上もの作品を残した。

スーツの襟元にある、社章などを入れる穴の部分を何と呼ぶか

テーマ 104 スーツの歴史

花を飾った「フラワーホール」

スーツの襟元にある穴は「フワラーホール」と呼ばれ、もとは風よけのために襟を立てて着ていた時のボタンホールの名残です。その後、イギリスでここに花をさして飾ったことから「フワラーホール」という名前がつきました。

そもそも、スーツの歴史はヨーロッパの貴族文化が発祥で、当時はベスト、シャツ、タイ、コートに半ズボン+タイツが正装とされていました。その後、フランス革命を機に長ズボンに変わり、燕《えん》尾《び》服《ふく》が生まれ、１９００年代に入ってから現在のスーツの形が生まれました。ネクタイはクロアチアの兵士が首に巻いていたスカーフが原型とされ、フランスのルイ14世が気に入って取り入れたという逸話が残っています（現在もクロアチアは高品質なネクタイメーカーがあることで有名です）。

なお、スティーブ・ジョブズはいつも同じ服を着ていたことで有名ですが、これは服をルーティン化することで日々の決断の数を減らすためだとされ、マーク・ザッカーバーグやオバマ元米大統領、さらにはアインシュタインも同様だったと言われています。彼らのシンプルな着こなしは「ノームコア（究極の普通）」と呼ばれています。

追い知識

ジャケットの腰ポケットのふたは「フラップ」と呼ばれ、もともと雨や砂埃が入らないように作られたもの。そのため室内では中に入れ、屋外では外に出すというのが本来の形。

「世界五大ウイスキー」といえば、
「スコッチ（スコットランド）」
「アイリッシュ（アイルランド）」
「アメリカン」
「カナディアン」、
あと一つは何か

日本の誇る「ジャパニーズ」ウイスキー

日本も産地として含まれる「世界五大ウイスキー」。その特徴をそれぞれ見ていくと、

スコッチ：生産量世界一。ピート（炭化した植物）のスモーキーな香りが特徴

アイリッシュ：クセがなく飲みやすい。近年ブームの兆し（＝アイリッシュルネサンス）

アメリカン：バーボン（バーボンもウイスキーの一種）発祥の地。まろやかな甘味が特徴

カナディアン：ライト＆スムースと言われる軽い飲み口で入門によいとされる

ジャパニーズ：日本人の感性にあわせた複雑な香りが特徴で、繊細な味わい

そもそもウイスキーとは、大麦麦芽を原料にした「モルトウイスキー」、大麦麦芽にトウモロコシ、ライ麦、小麦などを加えた「グレーンウイスキー」があり、さらに一つの蒸溜所のモルトウイスキーだけを瓶詰めした「シングルモルト」、モルトウイスキーとグレーンウイスキーを混ぜた「ブレンデッド」、さらにシングルモルト同士を混ぜた「ピュアモルト」（厳密にはブレンデッドの一種）もあります。日本のシングルモルトは「山崎」や「白州」、ブレンデッドは「角」「響《ひびき》」などで、一般的にシングルモルトは個性的、ブレンデッドは飲みやすい味わいになると言われています。

追い知識

ウイスキーと色が似ているブランデーも蒸留酒だが、こちらは果実が原料。たとえば高級酒の代名詞「コニャック」はワインを蒸留し、樽で3年以上熟成させたものである。

テーマ 106 カクテル文化

映画「007」でジェームズ・ボンドが愛したカクテルといえば何か

テーマ106 カクテル文化

カクテルの帝王「マティーニ」

マティーニは、ジンをベースにした「カクテルの帝王」とも呼ばれるカクテルで、ジンにベルモット（白ワインを香草などで香りづけしたお酒）を加え、最後にオリーブが飾られます。ジンは「世界四大スピリッツ」に数えられます（スピリッツとはアルコール度数の高い蒸留酒のこと）。その4つとは、次の通り。

ジン：大麦やじゃがいもなどを原料にジュニパーベリーなどの薬草の香りを加えたもの
ウォッカ：ジンと同じく大麦やじゃがいもなどが原料だが、濾過《ろか》するのでクセがない
テキーラ：竜舌蘭《りゅうぜつらん》というアロエのような植物が原料
ラム：サトウキビが原料で甘みが特徴。モヒートなどのベースになる

カクテル文化はアメリカで始まり、19世紀末に製氷機が生まれてから世界に広がりました。大きく「ショートカクテル」と「ロングカクテル」があり、その違いは「飲む時間」です。ショートカクテル（＝ショートタイムカクテル）には氷がなく、15分程度で飲むのがよいとされ、アルコール度数も高い傾向。一方のロングカクテル（＝ロングタイムカクテル）はゆっくり楽しむことができ、飲みやすいのも特徴です。

追い知識
ハードボイルド小説の名作『長いお別れ』の主人公である探偵フィリップ・マーロウの愛したカクテルは「ギムレット」。ジンにライムを絞ったショートカクテルである。

テーマ 107 パスタの歴史

このパスタの名前は何か

ヒント

これはフジッリ、

これはリガトーニだね

テーマ107 パスタの歴史

ショートパスタの代表「ペンネ」

一口にパスタといっても、その形、製法、小麦粉の品種や加工方法などさまざまで、イタリアには500種類以上のパスタがあると言われています。大きく「ロングパスタ」と「ショートパスタ」に分けられ、形によって細分化されます。ペンネはショートパスタの代表格。他にねじねじした形状のフジッリ、輪切りのリガトーニがあります。また、ロングパスタは太いもの（パッパルデッレやタリアテッレ）ほど濃厚なソースに、カペリーニのように細いものはスープや冷製パスタなどあっさりした料理に使われます。

古代ローマ時代に小麦を水で練ったもの（プルテス）が食べられ、中世にはさまざまな形状のパスタが登場しています。ただし、この時は粉チーズをかけるだけなど、味のバリエーションはありませんでした。現代のようにソースとからめて食べるレシピが浸透したのは近世からで、南イタリアで乾燥パスタの技術が開発されたことと、何よりも大航海時代に南米からトマトやじゃがいもなどが持ち込まれたことで多様化。イタリアのアイデンティティとして君臨するようになったのです。なお、日本は昭和30年（1955年）がパスタ元年と呼ばれ、一般に浸透するようになったと言われます。

追い知識

スパゲッティは太さ2ミリ弱のロングパスタのこと。なお、平たい皿で出てきたパスタにスプーンを使うのはイタリアではマナー違反であり、フォークにクルクルと巻きつけて食べるのが本場流。

テーマ 108 豚肉の加工

豚バラ肉を塩漬けにしたハムの一種を一般的に何というか

テーマ 108 豚肉の加工

「パンチェッタ」。燻製するとベーコンになる

豚のバラ肉を塩漬けしたものはパンチェッタと呼び、これを燻製したものは一般的にベーコンと呼ばれます。豚にはさまざまな加工品がありますが、その中でも世界三大生ハムとして数えられるのは、イタリアの「プロシュート・ディ・パルマ」(プロシュートの中でも、パルマで指定された製法で作られたもの)、スペイン産の「ハモンセラーノ」、そして中国浙江省《せっこうしょう》産の「金華火腿《きんかかたい》(金華ハム)」で、金華火腿は生食ではなく、出汁や調味料として使われます。

そもそも生ハムとは、豚肉(主に肩、ロース、もも)を塩漬けにして熟成・乾燥させたもの。豚肉は加工の過程で細菌や寄生虫に冒されているリスクが高く生食が禁止されているのですが、生ハムは塩漬けによる浸透圧で肉の水分が抜けること、また熟成による殺菌効果で生食が可能になります。ただし、湿度が低く雑菌が繁殖しにくい環境で熟成する必要があり、日本では本場の製法が難しいと言われます。

日本でポピュラーなロースハムは、塩漬けした豚ロースを燻製・加熱したもの。同じ製法で肩肉の場合はショルダーハム、もも肉はボンレスハムとなります。

追い知識
生物学の分類上、ブタという種はない。ブタはイノシシを家畜化したものであり、分類としてはイノシシである。近年は小型化されたマイクロブタがペットとして人気を集めている。

巻末テスト 教養の腕試し

いかがでしたでしょうか。本書の最後に、「こんな問題ではぬるすぎる！」という方や「知識の振り返り・まとめをしたい」という方のために応用問題を用意しました。答えはいずれも本書に載っている内容ですので、「答えがわからない！」という時はパラッと該当ページを読んでみてください。

日本でもっとも従業員の多い企業はトヨタだが、世界でもっとも多い企業はどこか	P20参照
日本にある４つの証券取引所の名前をすべて挙げよ	P22参照
日本で初めて地名に「銀座」と名がついたのはどこか	P24参照
牛角やかっぱ寿司の親会社はどこか	P26参照
ガンのうち、女性に多いトップ３は何か	P30参照
日本の漁港の中で、「売上高」のトップはどこか	P32参照
海のプラスチック量が魚の量を超えると言われているのは、西暦何年か	P32参照
『フォーブス』のランキングで世界１位になったことのある日本人は誰か	P34参照
世界のトップ富裕層○人の総資産と、世界人口の半分の総資産は同額。○に入る数字は	P34参照
個人資産の半分を寄付するという運動を、何というか	P34参照
トランプを英語で何というか	P36参照

アポロ11号の船長はニール・アームストロング。
では、「パイロット」の名前は何か
P38
参照

2018年にクリケットに転向した元プロ野球選手は誰か
P40
参照

世界三大レースのインディ500の平均時速は約何キロか
P42
参照

ル・マン24で、日本車として初めて優勝したメーカーは何か
P42
参照

ワシントンD.C.のD.C.とはどんな意味か
P44
参照

アマゾンの創業は西暦何年か
P46
参照

ナイジェリアの人口はおよそ何人か
P48
参照

南アフリカの立法府はどの都市か
P50
参照

ニュートンの出身大学はどこか
P52
参照

「モンテッソーリ教育」の創始者のもともとの職業は何か
P54
参照

ラリー・ペイジのあとに
アルファベット社のCEOとなったのは誰か
P54
参照

ミシュランの星評価において、「二つ星」の内容は何か
P56
参照

1890年に和歌山県沖で起きた難破船の事故を何というか
P58
参照

シャンパンの炭酸ができる仕組みを何というか
P60
参照

ロマネ・コンティなどの高品質ワインが作られる
フランスの地方名は
P64
参照

2060年の日本の人口は何人になると見られているか
P66
参照

日本が国際連合に参加したのは西暦何年、何番目か	P70 参照
国連の公用語は、英語、フランス語、ロシア語、中国語、スペイン語、もう一つは何か	P70 参照
日本人で初めて8000m峰全14座の登頂を達成したのは誰か	P76 参照
ヨーロッパ大陸でもっとも高い山は何か	P76 参照
スイスの人口はおよそ何万人か	P78 参照
アポロ13号が事故から帰還した際、キーアイテムとなった時計は何か	P78 参照
世界遺産の登録がもっとも多い2つの国はどこか	P80 参照
国連大学は何のために設立された機関か	P80 参照
「AlphaGo」との対局で敗れてしまった棋士の名は	P82 参照
「シンギュラリティ」を提唱したAI研究の権威の名前は何か	P82 参照
「ユニコーン企業」とはどんな企業のことか	P84 参照
フランスに柔道を広めた立役者とされる人物の名は何か	P88 参照
「世界幸福度ランキング」で日本や中国、韓国がランキングを下げている要因は何か	P90 参照
ノーベル化学賞を最初に受賞した日本人は誰か	P92 参照
ノーベル賞を世界で初めて辞退したのは誰か	P92 参照
17世紀にイギリスで生まれ、産業革命のきっかけを作ったと言われる制度とは何か	P94 参照

「連邦準備制度理事会(FRB)」の理事は何人か	P100 参照
リーマン・ショック時にリーマン・ブラザーズが抱えた 負債額は日本円にしていくらだったか	P100 参照
プラザ合意後の円高を受けて、 政府は金利を何%から何%に引き下げたか	P102 参照
「ニューヨーク・ダウ」とは正式には何というか	P104 参照
「東証株価指数(TOPIX)」は 西暦何年を基準にして割り出されるものか	P104 参照
ファナックはもともと、どの企業の子会社であったか	P110 参照
島津製作所はもともと何を作る会社であったか	P112 参照
キッコーマンの本社はどこにあるか	P112 参照
世界で初めてのエコカーは何だったか	P118 参照
中央新幹線の車両に使われる「超電導」とは どのような性質のものか	P120 参照
ルイ・ヴィトンやブルガリなどを傘下に持つ会社の名前は何か	P124 参照
カーネル・サンダースがチキンのレシピを アメリカ各地に教えて回ったのは何歳からか	P126 参照
日本マクドナルドの第1号店はどこに出店されたか	P130 参照
「コンセント」を英語で言うと何か	P132 参照
日本の映画興行収入で ヒットの目安とされている金額はいくらか	P134 参照
「スター・ウォーズ計画」とはどんな内容だったか	P136 参照

秀吉が「清洲会議」で三法師を推した際の理由は何だったか　P176参照

大老になることができた四家とはどこか　P182参照

「知行合一」などに代表される教えを説いた学問を何というか　P184参照

平家一門にルーツがあるとされる旧財閥はどこか　P188参照

寺の数がもっとも多い都道府県はどこか　P192参照

松阪牛や神戸牛のもととなる牛を何というか　P202参照

米ぬかからビタミンB1を発見したのは誰か　P206参照

哲学という言葉を生み出した日本人は誰か　P210参照

ルネサンス三大巨匠のうち、
もっとも生まれたのが遅いのは誰か　P212参照

「天動説」を理論として確立したのは誰か　P214参照

アイザック・ニュートンの著作は何か　P216参照

クリミア戦争で初めて導入された科学技術とは何か　P220参照

印象派の手法を取り入れ「外光派」と呼ばれる作風で
知られる日本の洋画家といえば誰か　P222参照

スティーブ・ジョブズの着こなしに代表される
ファッションスタイルは何と呼ばれているか　P224参照

「ライト＆スムース」と形容されるウイスキーは
どこの国のものか　P226参照

フィリップ・マーロウの愛したカクテルといえば何か　P228参照

参考文献／データの出典

- 「労働力調査(基本集計)2019年」総務省
- 「平成30年分 民間給与実態統計調査」国税庁
- 「中小企業白書 2017年版」中小企業庁調査室
- 「医療施設動態調査 2018年3月末」厚生労働省
- 「都道府県別交通信号機等ストック数 2018年」警視庁
- 「衛生行政報告例 2018年(歯医者数)」厚生労働省
- 「郵便事業関連施設数 2018年」総務省
- 「統計で見る市区町村のすがた」総務省
- 「平成30年 人口動態統計月報年計(概数)の概況」厚生労働省
- 「水産白書 平成30年度」水産庁
- 「平成30年度の水産物自給率」水産庁
- 「貿易統計2017年 国別生産量及び需給」財務省
- 「宗教統計調査 平成30年12月31日現在」文化庁
- 「国勢調査結果報告書 平成27年」総務省
- 「2030年宇宙開発市場規模予測」内閣府
- 「世界人口予測・2019年改訂版」国際連合
- 「2019年世界食料・栄養白書」FAO
- 「THE WORLD FACTBOOK」CIA
- 「世界の飲食料市場規模の推計」農林水産政策研究所
- 「外食産業市場規模推計値　2018年」日本フードサービス協会
- 「CVS統計年間動向　2019年1月～12月」日本フランチャイズチェーン協会
- 「全国の牛の種別・性別の飼養頭数 令和元年12月」家畜改良センター
- 「食塩摂取量の推移」塩事業センター
- 『就職四季報総合版2019』(東洋経済新報社)
- 『週刊ダイヤモンド』(ダイヤモンド社)

ホームページ

- 「外務省」
- 「文化庁」
- 「特許庁」
- 「国連広報センター」
- 「WHO」
- 「ユネスコ」
- 「ジェトロ(日本貿易振興機構)」
- 「国立科学博物館」
- 「国立天文台」
- 「日本取引書グループ」
- 「東京商工リサーチ」
- 「帝国データバンク」
- 「AFPBB News」
- 「CNN」
- 「Forbes」
- 「ナショナルジオグラフィック」
- 「日本経済新聞」
- 「日刊水産経済新聞」
- 「香港経済新聞」
- 「東洋経済オンライン」
- 「Box Office Mojo」
- 「興行通信社」
- 「KIRIN」
- 「宝くじ公式サイト」
- 「熊本県畜産協会」
- 「焼津市水産部水産振興課」
- 「オートモーティブ・ジョブズ」
- 「養命酒製造」

［著者］

サラドリラボ

ビジネスのプロとリベラルアーツの研究を行う学者・医師らで2017年に結成。不確実な世の中を生きるための「教養を活かす思考をするためのプログラム」を研究・制作。企業向けの研修も行っており、本書はそのエッセンスを抽出したもの。サラドリとは企画当初のコンセプト「サラリーマンのためのドリル」の略称である。

＜メンバー＞

東信和（ひがし・のぶかず）

株式会社アイディアポイント取締役。博士（農学）。

古谷紳太郎（ふるや・しんたろう）

東京工業大学リベラルアーツ研究教育院特別研究員。COMMONZ合同会社代表社員。博士（学術）。

茂木健太（もてぎ・けんた）

Co-Creations株式会社代表取締役。

八頭芳之（やず・よしの）

某帝国大学医学部准教授。医学博士。

1分間本格教養

――リベラルアーツの専門家がつくった超効率的な教養プログラム

2020年3月18日　第1刷発行

著　者――サラドリラボ
発行所――ダイヤモンド社
〒150-8409　東京都渋谷区神宮前6-12-17
http://www.diamond.co.jp/
電話／03･5778･7227（編集）　03･5778･7240（販売）
ブックデザイン―大場君人
本文デザイン―斎藤充（クロロス）
イラスト――サカモトトシカズ
構成――――松本逸作
製作進行――ダイヤモンド・グラフィック社
印刷――――三松堂
製本――――ブックアート
編集担当――下松幸樹

ISBN 978-4-478-10595-5